'우리아이' 1등급 만드는
공부PT 바이블

'우리아이' 1등급 만드는 공부PT 바이블

공부의 판도를 바꾸는 개별맞춤 트레이닝 처방서

초중학생을 위한 국영수 만점공부법

박성은 × 박은실 × 조혜은 × 박우용 지음

도서출판 더 로드
The Road Books

AI 시대, 우리 아이들의 공부법은 달라져야 합니다.

박우용
융합학습 전문가

"공부는 왜 해야 하나요?"

아이들이 한 번쯤은 던지는 이 질문에, 우리는 흔히 "좋은 대학에 가야 하니까", "좋은 직업을 얻어야 하니까"라고 대답하곤 합니다. 하지만 과연 이 답변이, 지금 공부하는 아이들에게 진정으로 와닿을까요? 공부는 결코 단순히 성적을 올리기 위한 수단이 아닙니다. 스스로 생각하는 힘을 기르고, 더 나은 미래를 만들어가는 과정이죠. 그러나 많은 아이들은 학습 자체를 부담으로 느끼고, 학부모님들 또한 아이가 주도적으로 공부하지 않는 모습을 보며 답답해하십니다.

"어떻게 하면 아이가 스스로 공부할 수 있을까?", "무조건 학원을 보내는 것이 정답일까?", "환경이 더 중요할까, 동기부여가 더 중요할까?"

25년간 수많은 학생을 지도하면서 깨달은 사실은, 아이마다 학습하는 방식과 효과적인 공부법이 다르다는 점입니다. 한 가지 방법이 모든 아이에게 통할 수는 없지요. 중요한 것은 각 아이에게 맞는 학습 환경을 만들어 주고, 학습 동기를 스스로 찾도록 돕는 것입니다.

AI 시대가 활짝 열리면서, 교육 환경은 더욱 빠르고 다양하게 변화하고 있습니다. 디지털 기기를 활용한 공부는 이제 필수가 되었고, 정보 습득 방식 또한 과거와는 크게 달라졌습니다. 그럼에도 불구하고 변하지 않는 핵심이 하나 있습니다. 바로 '자기주도적'으로 '공부하는 힘'을 기르는 것이죠. 환경이 바뀌고 교육정책이 바뀌어도, 스스로 학습할 수 있는 힘을 지닌 아이는 쉽게 흔들리지 않습니다.

이 책 『공부 PT 바이블』은 효율적인 학습 환경을 만드는 방법, 아이의 동기를 끌어올리는 전략, 그리고 자기주도 학습을 실천하는 구체적인 노하우를 담았습니다. 단순한 이론이 아니라, 실제 현장에서 효과가 입증된 사례를 기반으로 하였기에 더욱 실질적입니다. 아이들이 '내 가능성'을 발견하고, 작은 성취 속에서 '즐거움'을 찾도록 돕는 공부의 길을 함께 열어 가고자 합니다.

"우리 아이, 이렇게 많이 공부하는데 왜 성적이 안 오르죠?"

박성은
국어교육 전문가

문제집을 여러 권 풀어도, 성실히 학원에 다녀도 만족스러운 결과가 나오지 않는다면 왜 그럴까요? 여기에는 '얼마나 공부했느냐'보다 '어떻게 공부했느냐'가 더 중요하다는 사실이 숨어 있습니다.

교육 현장에 몸담으면서 제가 늘 강조해 온 것은, 아이들이 교과 내용을 단순히 외우고 문제만 풀어서는 진정한 실력을 쌓기 어렵다는 사실입니다. 특히 국어는 언어능력을 넘어 사고력·창의력을 키우는 중요한 과목이지만, 많은 학생이 이를 암기 위주나 문제풀이식 접근으로만 생각하지요. 게다가 책을 읽지 않고, 학원에서 선생님이 읽어주는 지문과 해설에만 기대어 공부하다 보면 당연히 문해력이 부족해질 수밖에 없습니다.

획일적인 교육방식이 한계에 도달한 지금, 필요한 것은 '개별 맞춤형 학습'입니다. 아이들의 학습 속도와 방식은 제각기 다릅니다. 그 특성을 제대로 반영하는 방식이 바로 PT(퍼스널 트레이닝)식 학습입니다. '공부 PT'라 불리는 이 방식을 통해, 각 아이의 학습 스타일과 수준에 맞춰 개별적으로 접근함으로써 아이들이 능동적이고 효율적으로 공부하도록 돕는 것이죠.

이 책에서는 '문해력 PT' 방식을 바탕으로, 국어를 단순히 문제풀이 과목이 아닌 생각하는 힘을 기르는 과목으로 접근하는 법을 소개합니다. 또한 학교 내신과 수능에서 요구하는 사고력·독해력·어휘력 등을 체계적으로 키우는 전략도 다룹니다. 국어성적을 올리는 데 독서가 왜 중요한지, 또 어떻게 병행해야 하는지에 대한 고민에 실질적인 해답을 드리고자 했습니다.

PT식 수업이 개별 맞춤형 학습을 가능하게 해 주듯, 국어 역시 아이마다 다른 문해력 수준을 고려해 접근하면 성적은 물론이고 사고력까지 한층 깊어질 것입니다.

"초등학교 때는
수학이 100점이었는데,
왜 고등학교에서는 실패할까요?"

조혜은
수학교육 전문가

초등학교 때는 비교적 쉽게 100점을 받던 아이가, 중학교로 올라가면서부터 서서히 점수가 떨어지고, 고등학교 수학에서 벽에 부딪히는 경우를 많이 봅니다. 열심히 공부하고 학원도 다니면서 문제집을 몇 권씩 풀었는데, 막상 좋은 성적을 얻지 못하니 아이도 부모님도 답답해지지요.

저는 약 20년간 다양한 지역의 학생들을 지도해 오면서, 수학 성적이 꾸준히 오르고 최종적으로 1등급에 도달하는 아이들과 그렇지 못한 아이들 간에는 결정적인 차이가 있음을 발견했습니다. 단순히 "열심히 했느냐"가 아니라, "어떻게 준비했고, 무엇을 목표로 삼았으며, 어떤 전략으로 꾸준히 실천했느냐"가 성패를 가릅니다.

아이마다 자신이 가지고 있는 역량과 학습 성향이 다르고, 당연하게도 이에 따라 필요한 학습 전략도 다릅니다. 따라서 더욱 필요한 것은 어떠한 경우에도 실패하지 않는 방법과 동시에 나의 현재 상황에 맞는 고등수학 1등급을 위한 명확한 로드맵입니다. 이 책에서 제시하는 수학 공부법은 대한민국 대표 '학군지'부터 다양한 지역의 실제 사례를 기반으로, 어떻게 하면 흔들리지 않고 꾸준히 성적을 끌어올릴 수 있는지에 대해 구체적인 해답을 제시합니다. 내 아이만큼은 '중도탈락'하지 않고 끝까지 성공적으로 수학 실력을 키우도록, 이 책이 든든한 길잡이가 되길 바랍니다.

"틀리는 것을
두려워하지 마세요."

박은실
영어교육 전문가

20여 년 전, 캐나다 공립학교에서 아이들을 가르치면서 저는 한국의 전통적인 강의식 수업과는 전혀 다른 교육 방식을 경험했습니다. 한국으로 돌아온 뒤에는 일방적인 강의식 수업에서 벗어나, 학생 개개인의 학습 스타일과 목표에 맞춘 맞춤형 퍼스널 트레이닝(PT) 수업 방식을 도입해, 학생 개개인의 학습 스타일과 목표에 맞춰 지도하기 시작했습니다. 그 결과, 아이들이 영어를 시험 과목이 아닌 실제 언어로 몸에 익히도록 유도할 수 있었습니다.

영어는 단순히 한 번에 완벽하게 익혀지는 과목이 아닙니다. Practice makes perfect! 연습을 통해 점차 성장해 나가는 과정입니다. 어떤 아이는 일찍 말하기 훈련을 시작하고, 어떤 아이는 독해에 강점을 보여 더 탄탄한 문해력을 쌓아 갑니다. 중요한 것은 '틀려도 괜찮다'는 마음가짐과 매일 조금씩이라도 영어를 접하는 습관입니다.

LT-PT-EXTRA로 이어지는 3단계 완전학습 시스템은, 영어를 '이해-연습-활용'의 흐름으로 자연스럽게 익히도록 설계된 방법입니다. 이를 통해 아이들이 단순히 문제만 푸는 게 아니라, 실제 영어를 듣고 말하고 쓰는 경험을 쌓게 됩니다. 이 책에 담긴 구체적인 사례와 노하우가 많은 학부모님들께 유용한 참고서가 되길 바랍니다.

『공부 PT 바이블』은 네 명의 학원 원장님이 국어·수학·영어·학습환경 전반에 대해 오랫동안 연구하고 실천해 온 경험을 토대로 집필한 책입니다. 각 과목별 전문성을 살리면서도, 자기주도 학습을 실현하기 위한 공통 방법론으로 '공부 PT'를 제안하고 있습니다.

- **개별 맞춤형 학습**: 모든 아이에게 같은 방식이 통하진 않습니다. 각자 다른 학습 스타일과 목표에 맞춰 전략을 세워야 합니다.
- **지속적인 동기부여**: 문제집만 풀고 끝내는 방식이 아니라, 아이가 스스로 '공부하고 싶다'는 마음을 느끼도록 이끌어야 합니다.
- **구체적인 로드맵과 실천 방안**: 단순한 이론이 아닌, 실제 교육 현장에서 효과가 입증된 사례와 노하우를 통해 직접 실천할 수 있게 안내합니다.

아이들이 '공부는 힘들고 지치는 것'이 아니라, '자신을 성장시키는 즐거운 과정'으로 받아들일 수 있다면 그게 진짜 성공일 것입니다. 작은 변화를 시작으로 큰 성장을 이루는 길에, 이 책이 든든한 동반자가 되길 바랍니다.

여러분께서는 이 책을 통해 "내 아이에게 맞는 맞춤형 학습"을 찾게 되실 것이고, 학생들은 "공부는 고통이 아니라 도전이고 기회"라는 새로운 관점을 얻게 될 것입니다. AI 시대가 요구하는 창의적이고 융합적인 사고력을 기르는 여정에, 이 책이 함께하길 진심으로 바랍니다.

부디, 이 책이 많은 학생과 학부모님께 작은 전환점이 되어 주기를 기원합니다. 공부 PT 바이블과 함께, 우리 아이들의 학습이 새로운 가능성으로 뻗어나가길 기대합니다.

이 책이 제안하는 '공부 PT'의 가치

『공부 PT 바이블』은 네 명의 교육전문가이자 학원 원장님이 각자의 오랜 실전 경험과 노하우를 한데 모아 만든 "초중학부모를 위한 전과목 공부 지침서"입니다. 국어·수학·영어에 대한 과목별 전문성을 살리면서도, 자기주도 학습을 실현하기 위한 공통의 방법론으로 '공부 PT'를 제시하고 있습니다.

- 개별 맞춤형 학습: 아이마다 다른 학습 스타일과 목표를 파악하고, 그것에 맞는 학습 전략을 세워야 합니다.
- 지속적인 동기부여: 단발적인 성공이나 단순한 문제풀이가 아니라, 아이가 '스스로 공부하고 싶다'는 마음을 키울 수 있도록 유도합

니다.

- **구체적인 로드맵과 실천 방안**: 눈에 보이는 학습 단계와 점검법이 마련되어야 꾸준한 성과로 이어집니다.

네 명의 저자들이 각자 몸담아 온 현장 경험과 다양한 실천 사례를 녹여낸 이 책은, 단순히 지식을 전달하는 데 그치지 않습니다. 아이들이 '공부는 고통'이라고 여기지 않고, '자신을 성장시키는 즐거운 도전'으로 받아들일 수 있도록 돕는 데 목적이 있습니다. 작은 변화를 시작하는 것이 큰 성장을 이룰 첫걸음입니다.

이 책을 통해 학부모님께서는 "내 아이에게 맞는 맞춤형 학습 방향"을 찾을 수 있고, 학생들은 "공부에 대한 새로운 시각"을 얻을 수 있을 것입니다. AI 시대가 요구하는 창의적이고 융합적인 사고력을 기르는 학습의 과정에서, 『공부 PT 바이블』이 든든한 동반자가 되기를 기대합니다.

부디 이 책이 여러분의 가정에 새로운 전환점이 되기를 바라며, 미래의 소중한 열매를 위한 길을 함께 열어 가면 좋겠습니다.

함께 도전해 보시겠습니까?이제, 이 책과 함께 우리 아이의 공부를 '의미 있는 도전'으로 바꿀 차례입니다.

PART 1.

국어:
문해력부터 사고력까지. 초중등 국어 정복 로드맵

PART 2.

영어:
말하기부터 쓰기, 시험대비까지

PART 3

수학:
평범한 아이의 수능 수학 1등급 로드맵

PART 4.

성공적인 학습을 위한
환경조성과 동기부여

국
어

문해력부터 사고력까지.
초중등 국어 정복 로드맵

01

국어를 잘하려면
다시 태어나야 한다고?

워밍업 독서와 문해력 P.T로 진짜 문해력 키우기

영어를 잘하려면 땅을 팔아야 하고,

수학을 잘하려면 건물을 팔아야 하고,

국어를 잘하려면 다시 태어나야 한다.

이런 우스갯소리가 있을 정도로 요즈음 엄마들 사이에서 '국어'가 화
두다. 영어, 수학에는 어릴 때부터 시간이든 돈이든 투자를 많이 하는
것에 비해 엄마들이 일찍부터 관심을 가지기엔 '국어는 우리말이니까
쉬우려니……' 했던 것이 문제였다.

우리나라 학생들의 문해력 저하가 심각하다는 뉴스와 언론보도가

연일 잇따르고 있다. '이토록 교육열이 뜨거운 대한민국에서 유독 모국어인 국어 공부에는 왜 그렇게 소홀했던 것일까?'하는 의문이 들 수밖에 없다. 너무 어린 시기부터 아이들이 스마트폰에 많이 노출되어서였을까? 아니면 수많은 맞벌이 가정의 아이들이 엄마, 아빠와의 대화 시간 부족으로 인해 기초어휘조차 제대로 배우지 못해서였을까. 그도 아니면 '코로나 3년'이라는 긴 공백기로 인해 국어학습에 메우지 못할 큰 구멍이 생겨 버려서였을까.

어쩌면 이러한 이유들이 모두 합쳐져 '문해력 심각'이라는 하나의 결론을 만들어 낼 수밖에 없었을지도 모르겠다. 나는 여기에 또 하나의 이유를 덧붙여 보려고 한다.

'우리나라 독서와 국어교육 방식이 지금까지
뭔가 잘못된 것은 아니었을까?'

강사 중심의 강의식 수업

나는 대학생 때부터 학원강사로 일했다. 5년 정도의 강사 경력을 쌓은 후 학원을 개원했고, 개원 20주년을 맞이하기까지 쉬지 않고 국어와 독서지도를 해 왔다. 그렇게 오랜 기간 한 가지 일을 하다 보면 '전문가라는 호칭을 붙여주는 것인가 보다. 일만 시간 이상을 한 가지 일에 몰입하고 투자하면 그 분야에 남다른 통찰력이 생긴다는데, 그렇다면 나도 국어교육과 독서교육에 있어서만큼은 뭔가 남다른 깨달음이 있다고 해도 믿어주지 않을까?

처음엔 대부분의 국어 강사들처럼 나도 강의식 수업을 했다. 하필이면 처음 일했던 학원에 고3반을 맡겨준 덕분에 두 시간을 수업하기 위해 대여섯 시간씩 수업 준비를 하며 보낸 적도 많았다. 심지어 재수생인 척하며 '일타강사'라고 불리는 대형학원 강사의 수업을 찾아가 들으면서 공부를 하기도 했다. 또 수업 시간에 학생들이 지루하지 않게 해주려고 코미디 대사를 외워서 연습해 갈 때도 여러 번 있었다. 그렇게 준비해 간 수업 내용을 하나도 빠짐없이 학생들 앞에서 일방적으로 쏟아놓고 또 쏟아놓곤 했다.

몇 년 동안 국어강의를 하면서 경력이 쌓이는 만큼 내 강의에 내가 심취하는 때가 많아졌다. 물론 어떻게 설명을 해야 학생들이 잘 이해할지, 어떤 예시를 들어주어야 좋을지, 지문을 지루하지 않게 읽어주기 위해 어떤 포인트에서 억양과 성량을 조절할지, 매일매일 고민했다. 그러나 결국 내 수업은 학습자 중심이 아닌 강사 중심의 수업일 수밖에 없었다.

지나고 생각해 보면, 그때 내가 진행하는 수업을 들었던 수많은 학생들이 그 수업을 듣고 무엇을 배웠을까, 하는 회의감이 든다. 내가 소설 지문을 아무리 맛깔나게 읽어주고, 비문학 지문을 자세히 풀어서 해석해 주고, 유머로 큰 웃음을 주었다 한들 그 교실에 앉아 있던 학생들의 개별 문해력 향상에 과연 얼마만큼 기여를 했을까?

그렇다. 강의식 수업은 강사 중심의 수업일 수밖에 없다. 선생님의 강의를 열심히 듣더라도 학생들 스스로 많은 글을 직접 읽고 작품을 분석하며 문제를 푸는 시간이 강의식 수업에서는 상대적으로 매우 적은 것이다. 지금도 많은 국어 선생님들이 학교와 학원에서 여전히 강의식으로 국어 수업을 하고 있는 현실이 무척 안타깝다.

개별수준과 속도에 맞춘 문해력 P.T

나는 학원을 운영한 지 10년 정도가 더 흐른 후에야 강의식 수업을 과감히 내려놓고 아이들 한 명 한 명의 필요와 수준에 맞춰 학생 중심의 수업을 할 수 있게 되었다. 이젠 어떻게 하면 더 잘 가르칠지가 아니라 어떻게 하면 아이들이 더 잘 읽을 수 있을지를 고민한다.

그리고 학생별 문해력 수준과 읽기속도에 따라 지문 분석법을 적용하여 끊임없이 훈련하고 있다. 강의식 수업을 버리고 P.T(Personal Training)식 수업으로 전환한 이후 10년 동안 아이들의 문해력이 강의식 수업을 할 때보다 눈에 띄게 발전하는 것을 확인하고 또 확인했다.

책 읽는 기본습관도 안 되어 있고 영상매체에 빠져 사느라 글을 접할 기회도 적은 요즈음 아이들. 이 아이들에게 글을 읽을 수 있는 시간만 제대로 확보해 주어도 읽기 능력은 조금씩 좋아진다. 거기에 방법적인 면에서 글의 종류에 따라 더욱 잘 읽고 이해할 수 있도록 지문 분석법을 알려주고, 글 읽기에 집중할 수 있도록 태도와 시간 관리만 해주어도 문해력은 어느 정도 자연스럽게 성장한다.

초등학교 2학년인 '지혜'(가명)는 한글을 떼지 못한 상태로 초등학교를 입학한 아이였다. 그래서인지 자신감이 늘 없고 목소리도 정말 작았다. 처음엔 동화책으로 한 글자 한 글자를 짚어가며 소리 내어 읽기를 훈련하였다. 1년 정도 음독 훈련을 시킨 후 문해력 P.T로 2년 정도를 훈련하였는데, 5학년이 되어서는 같은 또래의 아이들이 읽는 수준의 책을 읽고 내용을 잘 이해하게 되었으며, 스스로 생각하고 느낀 바를 한 페이지가 넘도록 노트에 가득 적어 내는 것을 어려워하지 않게되었다.

중학교 2학년인 '민수'(가명)는 국어시험 성적이 50점대였다. 책이라고는 초등학교 저학년 때 읽었던 그림 동화책이 전부인 데다가 비문학 지문을 읽어보라고 하면 무슨 말인지 하나도 이해가 안 된다며 손사래를 치기 일쑤였다. 그런 '민수'에게 문해력 P.T를 시킨 지 1년 정도 되자 국어시험에서 90점 이상을 늘 받아오게 되었고, 2년 이상의 훈련기간을 거친 후에는 수능모의고사에서 2, 3등급을 받는 학생이 되었다.

쉬운 독서로 워밍업하기

글 읽기를 싫어하는 학생들에게는 먼저 개별수준에 맞는 '쉬운 독서'를 통해 '글 읽기 워밍업'을 시켜주는 것이 중요하다. 중학생인데도 초등학생들이 읽는 도서부터 읽히기 시작할 때가 많은 이유는 우선 글에 대한 흥미와 친숙도를 높이기 위함이다. 무조건 학년도서나 추천도서를 강제적으로 읽게 하는 것은 아무런 도움이 되지 않는다. '개별 맞춤형 독서'는 국어 학습에 필요한 기본능력인 어휘력과 읽기 능력, 집중력과 학습지구력 등을 만들어 줄 수 있다.

문해력, 단기속성으로는 어렵습니다

요즈음 서점에 나가보면 국어문제집의 종류가 정말 많아진 것을 볼 수 있다. 10년 전만 해도 초등, 중등 국어훈련용 교재는 거의 없었는데, 지금은 새로운 문제집들이 계속 출시되고 있다. '문해력 부족 문제'가 엄마들의 심각한 고민이 되고 있다는 것은 서점마다 국어문제집 진열대 앞에 모여있는 엄마들의 모습만 봐도 금방 알 수가 있다.

엄마들은 자녀의 학년에 해당하는 문제집을 구입하여 무조건 풀라고 하는 경우가 많다. 지문 분석도 제대로 하지 않고 그저 문제만 많이 푼다고 해서 국어 실력이 좋아지기는 어렵다. 우선 자녀의 수준에 맞는 난이도의 교재를 구입하고, 지문별로 제대로 된 개별 분석훈련(P.T)에 꾸준히 시간을 투자해 나가야 한다. 부모가 초등학생, 중학생 자녀의 국어 실력에 관심을 가지고 있다는 것만으로도 다행이기는 하다. 왜냐하면 대부분은 자녀가 고등학생이 되고 나서 국어 내신이나 수능 모의고사 점수와 등급을 받아보고 실망과 충격에 빠지는 경우가 정말 많기 때문이다.

그래서 부랴부랴 국어학원에 자녀를 보내 보지만, 갑자기 어려워진 고등국어 지문을 강의식 수업으로 듣는다 해도 배웠던 지문 외의 낯선 지문을 만나면 무슨 뜻인지 잘 이해하지 못하는 학생들이 대부분이다. 국어 문해력과 언어적 사고력은 단기간에 형성되는 것이 아니기 때문에 몇 년 이상의 꾸준한 공부가 필요한데, 이미 수능시험이 얼마 남지 않은 고등학생들은 자기 수준에 맞는 글 읽기 워밍업과 제대로 된 지문

분석 훈련에 쏟을 시간과 에너지가 부족한 것이 현실이다.

그래서 고등학생을 자녀로 둔 엄마들 사이에서 자조적인 농담조로
나온 이야기가 바로 '국어를 잘하려면 다시 태어나야 한다.'이지 않았
을까?

요즈음 학생들의 문해력이 심각하다는 사실은 누구나 인정할 것이
다. 하지만 무엇이 우리 아이들의 문해력을 이토록 심각한 수준으로
만들어 버린 것인지 그 원인을 다각도로 진지하게 고민하며, 이제는 국
어 교육방식에도 새로운 솔루션을 찾아야 할 때가 되었다.

'강의식 수업에서 P.T식 수업으로의 변화가 필요한 이유다.'

02

독서를 많이 했는데도
국어성적이 안 오르는 이유는?

독서와 국어의 상관관계 파헤치기

영유아기 때부터 엄마의 무릎 위에 앉아 다정하고 생동감 있는 엄마의 목소리로 읽어주는 동화책을 날마다 재미있게 듣고 자란 아이들은 '읽기 독립' 시기가 되면서부터 스스로 책을 탐독하기 시작한다. 좋아하는 분야의 책을 무수히 반복해서 읽기도 하고, 다방면의 책들을 스스로 찾아 읽어나가는 아이들도 많다.

문해력의 바탕이 되는 '무릎 독서' 시기

이런 아이들이 초등학생이 되면 엄마가 더 이상 책을 읽어주지 않는데도 알아서 '독서삼매경'에 빠지거나, 늘 책을 사달라며 서점에 가자고 조르기까지 한다. 영유아기를 1세부터 5세 정도까지라고 볼 때, 엄마가 영유아기 중 최소 2, 3년간은 매일 하루에 한 시간 이상씩 책을 읽어주는 일에 최선을 다한 경우라면 대부분 비슷할 것이다. 어릴 때부터 책을 좋아하게 된 아이들은 기본적으로 독서가 습관이 된 경우가 많다.

이렇게 영유아기 때부터 초등 때까지 책을 많이 읽은 아이들은 어휘력이 풍부하고 배경지식이 많으며, 공감 능력도 뛰어나고 말하기와 글쓰기 실력도 기본 이상으로 잘하는 경우가 대부분이다. 또 이런 아이들이 자라서 중학생이 되면 따로 국어 공부를 많이 하지 않는데도 국어 시험에서 곧잘 좋은 점수를 받곤 한다. 많은 책을 읽으며 자연스럽게 형성된 '문해력'이 바탕이 되어 국어 교과서에 실린 지문의 내용들이 쉽게 이해되기 때문이다.

하지만 이렇게 독서를 많이 해서 중학교 국어시험 정도는 따로 많은 시간을 들여 공부하지 않아도 어렵지 않게 우수한 성적을 받던 아이들이 고등학생이 되고 나면 이상하게도 국어점수가 잘 나오지 않는 경우가 생각보다 많다. 왜 그럴까?

독서만으로는 해결되지 않는 국어문법과 문학이론

독서를 통한 문해력만으로는 해결되지 않는 국어의 영역이 존재하기 때문이다. 고등학교 국어 내신과 수능에서 가장 큰 비중을 차지하는 것은 문학과 독서(비문학) 영역이기는 하지만, 상위권 학생들의 등급을 최종 결정지을 만큼 중요한 영역이 바로 '국어문법'이며, 읽기 능력만으로는 해결할 수 없는 부분이 바로 '문학 이론'인 것이다.

가끔 우리는 언론이나 SNS 매체를 통해 이런 인터뷰를 대할 때가 있다.

"우리 아이는 사교육을 한 번도 받지 않고 집에서 독서만 했을 뿐인데, 수능에서 국어 만점을 받았답니다. 국어를 잘하려면 다른 것은 필요 없고 책만 많이 읽히세요."

이런 인터뷰를 접하게 되면 엄마들은 자녀의 학년에 상관없이 그저 독서만을 무작정 많이 시키려고 한다. 사실 이런 인터뷰가 화제가 되는 이유는 이와 같은 사례가 매우 드문 일이기 때문이라서가 아닐까? 이런 학생들이 아주 많거나 일반적이었다면 굳이 언론에 나오고, 엄마들 사이에서 화제가 될 이유조차 없었을 것이다.

실제로 고등학생 때 수능 모의고사 국어영역의 등급은 쉽게 오르지 않는다. (진학사의 발표에 따르면 고등학교 때 두 등급 이상 오르는 경우는 겨우 1.8%에 불과하다고 한다.) 하지만 어릴 때부터 책을 제대로 된 방법으로 많이 읽었던 아이들은 문학과 독서(비문학)영역에서는 기본적으로 좋은 점수가 나오는 경우가 많다. 탄탄한 독서능력을 바탕으로 국어문법과 문학이론을 잘 보완하게 되면 수능 1등급도 가능할 것이다. 하지만 문법과 문학이론을 등한시하거나 제대로 학습하지 않으면 독서를 많이 했다는 것만으로는 고등학교 국어에서 매우 좋은 성적을 얻기는 어려운 것이 현실이다.

물론 어릴 때 책을 많이 읽지 않아 기본적인 읽기 능력이 부족한 데다가 학습적인 부분에서도 문법과 문학이론을 등한시한 중학생들이라면 고등학생이 되어 아무리 국어성적을 올리려고 노력해도 2, 3년 내에 성적을 올리는 것은 매우 어렵다.

그러므로 초등학생 때까지는 탄탄한 독서력을 쌓고, 그 독서력을 바탕으로 초등 고학년이나 중학생 때는 문학, 비문학 문해력 P.T를 시키면서 동시에 국어문법과 문학이론을 잘 학습해야 한다. 학습은 '이해와 암기'가 필수이다. 이해와 암기 후에는 실제 문제풀이 훈련을 통해 학습한 이론들을 스스로 적용해 나가는 훈련을 끊임없이 해 나가야만 결국 좋은 국어성적을 얻을 수가 있다.

독서 강요가 낳은 결과, '눈속임 독서'

학원에서 신규생 상담을 하다 보면 엄마는 자녀가 어릴 때부터 책을 정말 많이 읽었다고 하는데, 막상 알고 보면 그 시기가 영유아기부터가 아니라 초등학교 저학년 때부터인 경우가 많다. 손이 많이 가는 육아의 시기를 점점 벗어날 때쯤 어느 순간 엄마가 자녀의 교육에 대해 눈을 뜨게 되면서 독서의 중요성을 깨닫는 경우가 많은 것이다. 그러다 어느 날 갑자기 유명한 전집을 비롯하여 다양한 책들을 잔뜩 사서 책장에 꽂아 두고, 아이의 수준이나 취향이나 의견과는 상관없이 독서를 억지로 하게 한 경우가 의외로 상당히 많다.

엄마의 잔소리나 등쌀에 못 이겨 책을 읽는 척하거나 독서하는 모습을 보일 때마다 어른들의 칭찬에 기분이 좋아지니까 책을 '보기'는 하되 '읽기'는 안 하는 아이들도 있다. 초등학교 때까지 그렇게 '눈속임 독서'를 해 오던 아이들은 중학교 시기가 되어 '읽기 불균형'의 결과들이 성적으로 드러나면서 결국 부모님의 목덜미를 잡게 하는 일이 생기기도 한다.

몇 년 전 학교 대표로 '다독상'을 받았다는 중3 남학생이 학원에 새로 왔다. 그런데 그 학생과 독서 수업을 하면서 나는 깜짝 놀라지 않을 수가 없었다. 지금까지 '만 권의 책'을 읽었다는데 사실적 내용 파악은 어느 정도 잘하는 편이었으나, 책의 내용을 바탕으로 자신의 생각이나 느낌을 물어보면 언제나 "모르겠어요..."라고 대답을 했기 때문이다. 글쓰기 실력은 보통 초등학교 3, 4학년 정도의 수준밖에는 되지 않았고, 그저 생각 없이 빨리만 읽으려고 하는 '건성읽기' 습관이 너무 오래되어 잘 고쳐지지 않았다. 엄청난 독서량에도 불구하고 수능모의고사 성적은 5등급 정도였다.

독후활동이 언어적 사고력에 미치는 영향

'언어적 사고력'에는 발달단계에 따른 다양한 사고력이 존재한다. 사고력에도 수준이 있다는 것이다. 그런데 책을 많이 읽은 아이들 중에 어릴 때부터 '눈속임 독서'를 해 온 아이들은 언어능력 중 일부분만 발달하거나, 언어적 사고력 중 가장 수준이 낮은 '사실적 사고력'만 발달한 경우가 많다. 이런 아이들은 사실적 내용 파악을 어느 정도 하더라도 책의 주제에 대해 자신의 생각이나 느낌을 말이나 글로 표현하는 것을 대체로 싫어하는 공통점을 보인다.

말하기나 글쓰기와 같은 독후활동을 통해서 사실적 사고 이상의 사고력들이 형성되는데, 반대로 추론, 비판, 창의와 같은 높은 수준의 사고력이 부족한 아이들은 그러한 독후활동을 어려워한다. 수능에서 사실유형이나 어휘유형의 문제는 대부분 배점이 2점이지만, 추론유형이나 비판유형, 창의유형의 문제는 매우 어렵고 배점도 3점짜리인 경우가 많다.

물론 '눈속임 독서'를 했던 아이들도 모든 독서의 과정이 눈속임은 아니었을 것이다. 어떤 책은 빠르게 줄거리만 파악하며 읽었을 것이고, 또 어떤 책은 집중해서 정독할 때도 있었을 것이다. 그러다 보면 행간의 의미를 추론하기 위해 생각을 깊이 할 때도 있고, 비판적인 생각이 자연스럽게 들 때도 있었을 것이다.

그래서 아예 독서와 담을 쌓고 살았던 아이들에 비해서는 사고력이 좋고 배경지식도 많으며, 어휘력과 읽기 능력도 좋은 편이기는 하다. 하지만 고등학교 국어시험에서 요구하는 다양한 언어적 사고 유형의 문제들을 모두 해결해 나갈 수 있으려면 사실적 읽기를 넘어 추론적 이해와 비판적 사고 그리고 창의적인 문제해결을 추구하는 '제대로 된 독서와 독후활동'이 골고루 이루어져야 한다.

독서와 국어학습의 병행이 답이다

중학생이 되었다고 해서 초등학생 때까지 열심히 하던 독서를 아예 놓는 것이 아니라 '독서와 국어학습을 병행'하도록 지도해야 한다. 문학 이론을 학습하고, 문해력 P.T를 통해 문학작품 분석 능력을 기르면서 독서를 하면 더욱 깊이 있는 작품감상이 이뤄질 수 있다. 또한 비판적 사고나 창의적 사고와 같은 고도의 언어적 사고능력을 바탕으로 한 '깊이 있는 글쓰기'도 중학교 이후의 시기에 가능하다.

독서와 국어학습을 꾸준히 병행해 온 아이들은 학습적인 부분뿐만 아니라 말하기와 글쓰기와 같은 언어능력에 있어서도 탁월함을 보여주는 경우들이 많다. 또 고등학교에 진학한 이후에도 높은 국어성적을 유지하면서 전과목 수행평가에서도 좋은 결과를 얻을 수가 있다. 2028 입시제도의 변화에 맞게 자녀를 서·논술형과 수행평가, 그리고 수시면접에도 강한 학생들로 키우기를 원한다면 독서 훈련과 글쓰기 훈련을 놓지 않고 국어학습과 병행해 나가는 지혜가 필요할 것이다.

03

국어 문해력,
이렇게 훈련하세요!

문학, 비문학 P.T 공부법 공개

요즈음 들어 국어시험의 난이도가 옛날에 비해 많이 어려워졌다는 것을 학부모라면 누구나 한 번쯤 들어 본 이야기일 것이다. 그런데 학생들의 문해력은 오히려 심각한 수준으로 저하된 상태이기 때문에 좋은 국어성적을 받는 것도 그만큼 어려워졌다.

글을 무조건 많이 읽는다고 해서 국어 문해력이 저절로 향상될까? 그렇지 않다. 글 읽기에도 효과적인 방법이 필요하다.

초중고 국어 교과과정에서 요구하는 국어학습에는 〈학습목표〉라는 것이 있고, 그에 맞는 과정과 평가가 있다. 내신과 수능에서 요구하는 글 읽기의 목표와 평가유형에 맞도록 체계적으로 훈련을 해야 국어 문해력 향상과 더불어 좋은 성적도 얻을 수가 있다. 좋은 성적을 얻기 위한 '국어 문해력 공부법'은 따로 있다는 것이다. ('문해력'의 정의와 범위에 대한 의견이 분분하기 때문에 본서에서는 '국어학습에 필요한 읽기능력'을 의미하는 용어로 '국어 문해력'이라는 명칭을 사용하도록 하겠다.)

문학 공부, 어떻게 해야 할까?

중학생들에게 국어지도를 하다 보면 문학 이론을 제대로 공부하지 않은 학생들이 참 많다는 것을 느낀다. 학교에서는 20명 이상의 학생들이 한 교실에서 수업하는 경우가 많아서 한 명 한 명의 수준에 맞춰 수업을 진행하기는 어려울 것이다. 또한 코로나 팬데믹 이후로는 강의식 수업에 집중하는 것을 유독 어려워하는 학생들이 많아졌기 때문에, 국어 선생님의 개념 설명을 듣는다고 해서 한 번에 내용을 다 이해하는 것은 참 어려운 일이 되어버렸다.

하지만 문학 지문을 읽고 이해하는 데 있어서 꼭 필요한 것이 바로 문학 이론을 제대로 학습하고 암기하는 일이다. 그리고 그다음으로 반드시 해야 할 것이 바로 작품 분석훈련이다. 이 두 가지가 문학 공부의 필수요소라고 할 수 있다.

현대문학 중 중·고등학생들이 가장 어려워하는 것은 바로 현대시다. 교과서에 수록된 시뿐만 아니라 모르는 낯선 시가 시험에 나오는 경우가 많고, 수능에 나오는 현대시는 처음 보는 데다가, 어려운 시가 워낙 많아서 시를 그저 느낌대로 막연하게 푸는 경우가 정말 많다.

현대시를 잘 이해하려면 현대시 분석훈련을 꾸준히 제대로 해 나가야 한다.

1. 먼저 시를 읽으며 시적 화자의 상황을 파악해 보고

2. 화자의 정서나 태도를 생각해 본다.

3. 함축적 시어가 무엇인지 찾아서 그 의미를 유추해 보고

4. 표현상의 특징을 적어본 후

5. 결국 시인이 말하고자 하는 주제를 정리해 본다.

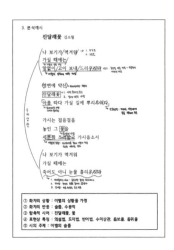

이렇게 〈현대시 5단계 분석법〉에 따라 차근차근 쉬운 시부터 어려운 시까지 꾸준히 시 분석훈련을 해 나가다 보면 시를 해석할 줄 아는 눈

이 생긴다. 국어시험에 나오는 현대시 문제유형은 어느 정도 정형화되어 있어서, 이 분석법을 시에 잘 적용할 수 있게 된다면 현대시 점수가 오르는 당연한 결과를 얻을 수 있다.

하지만 현대시 분석훈련에 필요한 시 이론을 배경지식으로 가지고 있지 않다면 시 분석을 제대로 할 수가 없다. 시의 특성과 운율 형성요소, 심상, 다양한 표현기법과 전개 방식의 종류 등을 암기한 후 〈현대시 5단계 분석법〉으로 시 분석훈련을 개별수준에 맞게 P.T식으로 꾸준히 해 나가는 것이 필요하다.

✎ 현대소설 P.T 공부법

❶ 나만의 표식으로 소설 지문 분석하기

국어 공부를 위해 소설을 읽을 때는 소설을 구성하고 있는 대표적 구성요소인 인물, 사건, 배경과 관련된 부분에 밑줄을 긋거나 메모하며 읽는 훈련이 필요하다. 밑줄, 메모, 동그라미 등 자신이 선호하는 기호들로 소설 지문에 표시 하는 것은 등장인물 간의 관계를 파악하는 데 도움을 주기도 하고, 중심 사건을 파악하거나 시대적 배경 등을 이해하는 데 도움을 준다.

또한 주요 인물의 심리나 성격을 드러내는 중요한 대사나 행동에 밑줄을 그으며 읽다 보면 캐릭터를 머릿속으로 쉽게 떠올리게 되는데, 이는 성격이나 심리를 추론하며 읽는 '소설 읽기'의 아주 보편적이면서도 중요한 방법이다.

인물, 사건, 배경, 소재 파악이 어느 정도 숙달된 학생이라면 '말하기 방식'(서술자가 직접 설명하는 방식)과 '보여주기 방식'(인물의 행동과 대사를 통해 장면을 제시하는 방식)과 같은 두 가지 소설의 서술 방식을 파악하며 읽는 훈련 또한 필요하다.

❷ 시대적 배경지식과 어휘력을 쌓기 위한 한국 현대 단편소설 읽기

요즈음 초등학교 5, 6학년 국어문제집에 《동백꽃》, 《사랑 손님과 어머니》 등과 같은 1930년대 현대 단편소설들이 실려 있는 것을 자주 보게 된다. 이러한 지문들은 사실 중학교 국어교과서에 들어있는 소설들이다. 기본적인 읽기 능력조차 부족한 초등학생들에게 일제강점기 시대의 작품들을 읽어보라고 하면 어휘부터가 도대체 무슨 뜻인지 잘 모르는 경우가 허다하다. 현대소설이라고는 해도 사실 약 100년 전에 쓰인 소설들인데, 2020년대를 살아가는 요즈음 아이들이 느끼기에 얼마나 어렵고 이해가 안 되겠는가.

하지만 그 시대의 소설들을 초등 고학년이나 중학생 때 많이 읽어두는 것이 또 다른 작품들을 이해하는 데 있어서 필요한 배경지식을 쌓고 그 시대의 어휘를 이해하는 데 도움을 주기 때문에, 대표적인 한국 단편소설들을 틈틈이 읽어보는 것은 국어학습을 위해 꼭 필요하다.

이렇게 소설 분석훈련을 꾸준히 하여 소설을 해석할 줄 아는 눈이 생기면 다른 낯선 작품들을 시험에서 만난다고 해도 어느 정도 지문을 잘 이해하며 문제를 풀어나갈 수 있다. 물론 소설 또한 현대시처럼 소설 이론들에 대한 이해와 암기가 선행되어야 한다는 점을 강조하고 싶다.

비문학 공부, 어떻게 해야 할까?

요즘음 서점에 나가보면 비문학 문제집이 많이 진열되어 있는 것을 볼 수 있다. 그래서 엄마들은 어떤 문제집이 우리 아이에게 필요한 문제집인지 고민이 많을 것이다. 그저 자녀의 학년에 맞는 문제집을 선택하는 경우가 많겠지만, 비문학은 읽기 수준에 비해 조금 더 쉬운 지문으로 분석훈련을 시작하는 것이 좋다. 그저 문제를 많이 풀고 정답을 맞추기 위한 목적이 아니라 비문학 지문 자체를 자세히 분석해 보는 훈련을 해 나가는 것이 목적이기 때문이다.

❶ 중심 화제를 찾아라

비문학 지문을 분석할 때 가장 먼저 해야 할 것은 글의 '중심 화제'를 찾는 일이다. 무엇에 대해 말하고 있는 글인지를 파악하는 것이 글을 이해하는 첫 번째 단추라고 할 수 있다. 중심 화제에 동그라미, 별표를 한 후, 그 화제를 기준으로 글을 읽어나가다 보면 글쓴이의 의도나 입장이 더욱 잘 이해되고, 내용 파악도 쉬워지는 것을 느낄 수 있을 것이다.

❷ 중요한 단어나 핵심 어구, 문단별 중심 문장에 밑줄긋기

'중심 화제'를 찾은 후에 해야 할 일은 각각의 문단에서 중요한 단어나 핵심 어구 그리고 중심 문장을 찾아 밑줄을 긋는 것이다. 문단의 맨 앞 문장이 중심 문장인 경우를 〈두괄식 문단〉이라고 하는데, 글의 난이도가 쉬울수록 두괄식 문단을 많이 활용한다. 하지만 글에 따라 중심 문장이 문단의 뒤에 올 수도 있으며, 중간에 오거나 때로는 아예 없을 수도 있다.

그래서 아이들에게 지문분석 훈련을 시킬 때는 굳이 하나의 문단에 꼭 한 개의 중심 문장만 찾아 밑줄을 그으라고 할 필요는 없다. 중요한 단어나 어구, 문장에 밑줄을 그으며 읽으라고 하면 된다. 인문이나 사회영역의 지문은 글쓴이가 말하고 싶은 주제문이 있기 마련이지만 보통 과학, 기술 지문에서는 어떠한 주제를 제시하기보다는 그저 다양한 정보를 주고자 할 때가 많기 때문에, 중심화제와 관련된 핵심 정보들을 위주로 밑줄을 그으며 읽는 연습이 필요하다.

꼭 지문에 밑줄을 그으며 읽어야 하는 걸까?
눈으로만 지문을 읽으면 안 될까?

많은 학생들은 국어공부를 하면서 손을 쓰는 것을 참 귀찮아한다. 특히 밑줄을 긋거나 화제에 동그라미 표시를 하라고 하면 별로 좋아하지 않는다. 하지만 시각적인 표시를 해 두는 것은 내용의 이해를 도울 뿐만 아니라 시험을 볼 때 시간을 단축하는 효과가 매우 크다.

제한 시간 안에 긴 지문을 읽고 어려운 문제들을 풀어야 하는 실전 시험을 위해서는 시간 단축 훈련을 초등학생, 중학생 때부터 미리미리 해 두는 것이 좋다. 중요한 단어나 문장에 밑줄을 그어두면 문제와 지문을 번갈아 가며 읽느라 소요되는 시간이 훨씬 많이 줄어들기 때문이다.

또한 눈으로만 글을 읽을 때보다 집중도가 좋아지고, 중요한 것과 덜 중요한 문장을 구분하는 능력이 생기면서 핵심요지를 좀 더 쉽게 파악하게 된다. '2025년 수능국어' 기출 독서지문으로 '밑줄긋기'를 화제로 한 글이 실릴 정도였으니, 수능 출제위원들도 요즈음 학생들의 '눈으로만 글 읽는 습관'을 정말 고쳐주고 싶었던 것이 아닐까 싶다.

❸ 지시어, 접속어 세모 표시하기

세 번째로 해야 할 훈련은 '지시어'와 '접속어'를 찾아 표시하는 것이다. 지시어는 '이것, 그것, 저것, 이는, 그는, 이로써, 저마다....' 등으로, 앞의 내용을 지칭하는 것을 의미한다. 문장이 길어질수록 주어와 서술어의 관계가 여러 번 얽히면서 생략이 많이 일어나는데, 중복을 피하기 위한 방법으로 글에서는 지시어를 자주 사용한다. 문장과 문장의 흐름을 이해하는 데 있어서 지시어가 가리키는 내용이 무엇인지를 파악하는 것은 매우 중요하다.

접속어(접속부사)는 '그리고, 또한, 하지만, 그러나, 반면에, 그래서, 그러므로, 결국, 즉, 예컨대.....' 등과 같은 말로 문장과 문장 간의 관계, 문단과 문단과의 관계를 파악할 수 있도록 도와주는 요소이므로 접속어에 어떤 종류가 있으며, 각각의 접속어가 하는 역할이 무엇인지 알아두는 것이 필요하다. 지시어와 접속어 또한 세모나 동그라미, 밑줄 등과 같은 시각적 표시를 하며 읽도록 훈련하는 것이 당연히 도움이 된다.

❹ 서술방식 메모하기

마지막으로, 비문학 지문분석 훈련 시 꼭 해야 할 연습은 서술 방식을 파악하고 메모하는 것이다. 서술방식은 '글의 전개방식', '진술방법'

이라고도 불리는데 중학교, 고등학교 국어 내신뿐만 아니라 수능에서도 자주 나오는 개념이다. 서술방식을 파악하며 글을 읽기 위해서는 우선 서술방식의 종류와 개념을 익히고 외우는 과정이 필요하다. 서술방식 중 시간을 고려한 방식으로는 서사, 과정, 인과가 있고, 시간을 고려하지 않은 방식에는 설명, 묘사, 논증 등이 있다. 이 중에서 서사나 묘사는 주로 문학작품에서 많이 쓰이고, 비문학에서는 설명, 과정, 인과, 문답, 인용, 논증 등이 주로 사용된다.

자주 쓰이는 비문학 서술방식 꼭 알아두기!

뜻을 풀어 설명하는 '정의',

예를 들어 설명하는 '예시',

공통점을 들어 설명하는 '비교',

차이점을 들어 설명하는 '대조',

기준을 가지고 나누는 '분류'와 '구분',

구성 요소별로 나누는 '분석'

순서와 절차에 따라 서술하는 '과정',

원인과 결과에 따라 서술하는 '인과'

다른 사람의 말이나 글을 빌려 오는 '인용'

일반적 진리에서 구체적 사실을 끌어내는 '연역'

구체적 사례들로 일반적인 사실을 끌어내는 '귀납'

유사성을 바탕으로 추론하는 '유추'

이러한 서술방식은 대부분 중학교 국어 교과과정에서 다루는 내용이기는 하지만, 많은 학생들이 시험범위로 주어진 지문에서 어떤 문장에 어떤 서술방식이 쓰였는지를 본인의 능력으로 찾기보다는 자습서를 보고 외우거나 선생님의 도움을 받아 파악하기 마련이다. 따라서 평소에 다양한 지문들로 끊임없이 스스로 서술방식을 찾아 메모하는 훈련을 하지 않는다면 고등학생이 되어 만나게 되는 어려운 지문들과 문제들을 이해하고 해결해 나가는 데에는 어려움을 느낄 수밖에 없을 것이다.

진짜 자기 문해력 키우기

지금까지 살펴본 〈문학, 비문학 P.T 공부법〉을 학생의 수준에 맞는 시중 문제집을 선정하여 꾸준히 적용하고 훈련해 나간다면 탄탄한 국어 문해력을 만들어 나갈 수 있을 것이다. 선생님이 읽어주거나 설명해 주어서 이해가 되는 것은 자기 문해력이 아니다. 학생 스스로 읽고 스스로 작품을 분석하고 이해할 수 있어야 '진짜 자기 문해력'이라고 말할 수 있을 것이다.

04

우리 아이 국어성적, 어디서 문제가 생겼을까?

취약한 언어적 사고력과 문해력 처방법

국어 문제를 풀다 보면 어떤 아이는 글의 세부적인 내용 파악을 유독 어려워한다. 또 어떤 아이는 추론적 사고력을 요구하는 문제만 나오면 매번 틀리기 일쑤다. 그리고 어휘력 문제만 나오면 이상하게 '멘붕'(멘탈붕괴)이 오는 아이들도 있다. 아이들마다 국어 시험지나 문제집의 오답을 분석해 보면 취약한 문제 유형이 다 다르다. 왜 그럴까?

사실적 사고 수준에 멈춰 버린 아이들

다양한 이유가 있겠지만, 우선은 어린 시절 엄마와의 '무릎독서' 시절의 장면으로 다시 한번 되돌아가 볼 필요가 있다. 한 아이가 엄마의 무릎 위에 앉아 엄마의 목소리로 읽어주는 《무지개 물고기》라는 동화책을 함께 보고 있다. 엄마는 동화책을 다 읽어준 후에 책을 '딱' 덮고 아이에게 이렇게 물어본다.

"민수야, 책을 잘 이해했는지 엄마가 물어볼 테니까 한 번 맞춰 봐. 무지개 물고기는 친구들에게 무엇을 나누어 주었니?"

그러면 아이는

"은빛 비늘이요."

하고 귀여운 목소리로 대답을 한다. 엄마는 아이에게 잘 대답했다며 칭찬을 아끼지 않는다.

잠시 후에 다른 동화책 《강아지똥》을 읽어주고 나서

"민수야, 강아지똥이 마지막에 어떤 꽃의 영양분이 되어 주었니?"

"민들레꽃이요."

"우와, 우리 아들 책 잘 읽었네."

이렇게 단편적인 질문에 답하는 것이 어릴 때부터 습관화가 되면 커서 '읽기 독립' 이후에도 아이는 내용 파악 위주의 사실적 독서만 계속하게 될 가능성이 많다.

초등학교에 들어가서도 독서 후 줄거리 요약식으로만 독후감을 쓰는 것을 반복하는 아이들이 많은데, 일정 기간이 쌓이면서 '사실적인 요약 글쓰기'가 습관이 되고, 학교나 학원에서 독서퀴즈 형식으로 사실적 내용만을 묻고 답하는 교육을 오랫동안 받게 되면 그 아이는 중학생이 되고 고등학생이 되어서도 글을 읽을 때 사실적 사고 수준에서 언어적 사고력이 머무르게 된다.

언어적 사고력에 있어서 사실 가장 기본적인 능력이 사실적 사고인 것은 맞다. 하지만 주어진 사실적 내용을 바탕으로 논리적으로 사고하는 능력, 기준에 따라 평가하고 비판하는 능력, 창의적으로 문제를 해결하는 능력 등으로 더 발전해 나가지 못한다면 언어적 사고력의 가장 낮은 수준에 머물러 있을 수밖에는 없을 것이다.

고도의 사고력을 키워주는 추.비.창(추론, 비판, 창의) 발문법

만약 어릴 때 엄마가 아이에게 동화책을 읽어주면서 이런 발문을 했다면 어땠을까?

"민수야, 이다음에는 어떤 일이 일어날 것 같아?"- **추론**

"주인공의 표정을 봐. 이 아이는 지금 어떤 마음일 것 같니?" - **추론**

"네가 만약 무지개 물고기였다면 이 일을 어떻게 해결했을까?" - **창의**

그리고 책을 끝까지 다 읽어준 후에 책을 덮고 나서는 이렇게 묻는 것이다.

"민수는 이 이야기를 통해 뭘 느꼈니? 가장 기억에 남는 장면은 뭐였어?" - **창의**

"마지막에 강아지똥이 죽지 않았다면 이 이야기는 어떻게 끝이 났을까?" - **비판**

"이 이야기는 우리에게 뭘 가르쳐주고 싶은 걸까?" - **추론**

이런 발문을 받으면 유아기의 아이들은 처음엔 당연히 어려워할 수 있을 것이다. 하지만 엄마가 발문을 하고 나서 아이가 생각할 시간을 충분히 준 후에 엄마의 생각을 먼저 말해주는 방식으로 '발문 모델링'을 꾸준히 해 나간다면 한 살 한 살 나이를 먹으면서 그 아이는 사실적 사고력뿐만 아니라 추론적 사고력과 비판적 사고력, 창의적 사고력이 함께 점점 발달해 나갈 수 있을 것이다. 물론 사고력에 따라 발달 시기가 어느 정도 정해져 있고 순차적으로 발달 되어 가긴 하지만, 시기별로 연계되고 어우러지면서 통합적 발달이 결국 이뤄지게 되어 있다.

'읽기 독립' 이후에 엄마가 어릴 때 자신에게 해주었던 독서 후 발문들이 '머릿속 메아리'가 되어 책을 읽을 때마다 자기 스스로에게 발문을 하고 스스로 답하며 추론적, 비판적, 창의적으로 생각하는 습관을 만들어 가는 아이들은 좀 더 깊이 있는 독서를 해 나갈 수 있다.

그리고 이렇게 중학생이 된 아이들은 글을 읽을 때 정확하게 내용을 파악하며 읽는 것은 물론, 글쓴이의 숨겨진 의도를 파악하고 글의 주제가 무엇인지를 생각하며 읽으려고 노력하게 된다. 또한 문제에서 주어진 기준으로 글을 비판하며 읽을 줄 알게 되고, 여러 지식과 정보를 엮어 창의적으로 문제를 해결할 줄 알게 되는 것이다.

어린 시절 엄마와의 무릎독서 시절에 '발문 모델링'을 제대로 받지 못했던 아이들일지라도 초등학생 때부터, 아니 중학생이 되어서라도 독서교육을 제대로 받으며 사실적 내용을 파악하는 것을 넘어 끊임없이 추.비.창 발문에 노출되고 답변하는 훈련을 해 나가는 것이 필요하다.

그런데 반대로 사실적 읽기만 잘 안되는 아이들도 있다.

이런 경우는 어떻게 생각해야 할까?

꼼꼼하게 읽지 않는 아이들

추론이나 비판, 창의적 사고력은 좋은 편인데 사실적 읽기가 안 되는 아이들도 있다. 이런 아이들은 대부분 기본적으로 머리가 좋고 눈치가 빠르다. 글을 꼼꼼하게 읽지 않고 세부 내용을 하나하나 파악하지는 못해도 전체적인 맥락을 잘 파악하는 능력이 있어서 쉬운 수준의 국어 문제에서는 곧잘 좋은 점수를 받기도 한다. 하지만 이런 학생들도 어려운 난이도의 문제를 만나면 한계가 드러날 수밖에 없다.

이 아이들은 급하게 글을 읽는 경우가 많은데, 조사를 빼먹거나 단어를 건너뛰고 읽는다거나, 심지어는 문장이나 문단을 통째로 스킵하고 읽는 경우들도 많다. 어릴 때부터 독서를 하기는 했지만 다독이나 속독을 요구받는 분위기에서 '대충 읽는 독서습관'이 형성되었을 가능성이 높다.

글의 전체 흐름은 어느 정도 파악을 잘하는 데다가 작가의 의도 추론이나 비판적 읽기도 어느 정도 가능하지만, 글이 어려워지면 세세한 정보들은 놓치거나 잘못 이해하는 아이들이 의외로 정말 많다.

어휘력이 약한 아이들

또 어떤 아이들은 어휘력이 유독 약하다. 특히 한자어를 몰라도 정말 모른다. 요즈음은 한자를 예전처럼 많이 배우지 않는 데다가 책을 많이 읽지도 않으니, 한자어에 약할 수밖에 없다. 속담이나 관용표현도 모르는 경우가 허다하고, 고사성어에 대한 이해는 바닥일 정도로 심각하다.

사실 추론, 비판, 창의 사고의 가장 바탕이 되는 언어적 사고능력이 바로 '어휘력'이다. 그런데 기초 바탕부터 제대로 깔려 있지 않으니, 갈수록 국어를 어려워하는 아이들이 많아지는 것은 어쩌면 당연한 일이다.

정확한 진단과 제대로 된 처방의 중요성

교육도 의료와 유사한 면이 있다. 학생에 대한 정확한 진단이 이뤄지면 제대로 된 교육 처방이 나온다. 국어 문해력을 키우기 위해 가장 먼저 선행되어야 할 것은 아이마다 부족한 언어적 사고력이 다 다르기 때문에 어떤 부분이 취약하며 그 원인이 무엇인지를 파악하고 진단하고 처방하는 일이다.

중학생 때 진단을 제대로 받지 못하거나 잘못된 진단을 하면 어떻게 될까? 무엇이 진짜 문제인지도 모른 채 중학교 시절을 그냥 흘려보내다가 고등학생이 되어서야 내신과 수능 모의고사 점수를 받고 충격에 휩싸이게 되고 만다. 고등학생이 되면 이미 언어적 사고 습관이 고착화되어 쉽게 고쳐지지 않는 경우가 많다. 게다가 국어뿐만 아니라 수학이나 영어, 과학 등 다른 공부에 투자해야 하는 시간도 많고, 수행평가나 방과 후 수업, 학교 과제, 동아리 등등 너무나 바빠지다 보니, 고등학생이 되어 잘못된 읽기 습관이나 취약한 언어적 사고력을 찾아 진단을 하고, 처방을 받은 후 그 처방대로 시간을 투자하여 훈련해 나가기에는 역부족인 것이 현실이다.

뿐만 아니라 고등학교 국어지문이나 문제는 중학생들이 상상할 수 없을 정도로 어렵게 출제된다. 난이도가 높은 비문학 지문이나 고전문학 지문은 외국어를 읽는 느낌이 들 수도 있다. 국어문법 문제나 현대시, 현대소설 지문의 난이도도 점점 어려워지고 있기 때문에, 중학생 때 빨리 자신의 취약점이 어디에 있는지를 파악하고 정확한 진단에 따라 올바른 문해력 훈련을 꾸준히 해 나가야 할 필요가 있다.

취약점에 따른 올바른 처방법

'사실적 사고력'이 취약한 아이들은 지문을 읽을 때 꼼꼼하게 읽는 연습을 꾸준히 해 나가야 한다. 눈으로만 읽는 것보다는 손을 활용하여 밑줄을 그으며 읽는 연습이 반드시 필요하다. 대충 읽기가 너무 습관화되어 있는 아이라고 한다면 모든 문장에 빠짐없이 모두 밑줄을 그으며 읽는 연습을 일정 기간 하는 것이 좋다. 그러면 스킵하고 넘어가는 단어나 문장이 없을 수밖에 없기 때문에, 대충 읽거나 급하게 읽는 습관이 점점 고쳐질 수 있다. 한 글자 한 글자를 빠뜨리지 않고 밑줄을 그으며 읽게 하고, 그것도 잘 고쳐지지 않으면 소리 내어 읽게 하는 훈련을 한동안 하게 하는 것이 좋다.

'사실적 세부내용 파악하기' 문제 유형을 자주 틀리는 경우 지문 속 근거를 찾아 선지에 적거나 지문에 직접 표시하는 연습을 꾸준히 시켜야 할 필요가 있다. 그러한 훈련이 어느 정도 효과가 난다면 앞서 이야기한 '비문학 4단계 분석법'에 따라 난이도를 높여 가면서 지문분석 훈련을 꾸준히 해 나가면 된다.

'추론적 사고력'이 부족한 아이들은 어떻게 훈련하면 될까? 추론유형을 풀 때 가장 유의해야 할 점은 우선 문제 출제자의 의도를 정확하게 파악하는 연습을 하는 것이다. 주어진 지문을 바탕으로 〈보기〉의 정보를 해석하라는 유형도 있고, 반대로 주어진 〈보기〉를 바탕으로 지문의 내용을 해석하라는 유형이 있는데, 이러한 추론유형의 종류를 알고 출제 의도를 파악하는 연습을 하는 것이 좋다.

또 지문 속 빈칸의 내용을 추론하는 유형이나 글의 내용을 옳게 미루어 짐작한 것을 찾는 유형, 작품의 주제를 파악하거나 유사한 상황에 잘 적용한 사례를 찾는 문제 등 추론사고를 바탕으로 하는 문제 유형들에 대해 인지하고 자주 틀리는 유형을 반복적으로 훈련해 나간다면 점점 부족한 부분을 개선해 나갈 수 있을 것이다.

'비판적 사고력 유형'은 대부분 주어진 선지들을 올바르게 평가한 것을 고르거나 주어진 기준으로 비판하는 유형이며, 창의유형은 지문의 내용과는 거리가 먼 새로운 정보나 배경지식을 〈보기〉로 주어서 지문의 내용과 더불어 새로운 관점으로 문제를 해결하는 문제 유형이 대부분이다. 자주 출제되지는 않지만, 난이도가 높고 배점도 높은 유형이니 다양한 비판, 창의유형의 문제를 훈련해 나가는 시간들이 오랜 기간 쌓여야 할 것이다.

'어휘력 유형'의 문제는 한자어나 속담, 관용표현, 고사성어를 새롭게 접하고 만날 때마다 외우고 익히고 습득하는 방법밖에는 그 외의 다른 방법이 없을 것이다. 물론 어휘 유형에 대해 종류를 알고 자신이 유독 많이 틀리는 어휘 유형에 대해 더 많은 훈련을 꾸준히 쌓아가야 하는 것도 필요하지만, 문제로만 접하게 되는 어휘량이 부족하기 때문에 결국 어휘력의 신장은 독서량과 비례하게 되어 있다고 본다. 중학생 때까지는 독서와 문해력 훈련을 병행해 나가야 하는 중요한 이유 중에 하나다.

잘못된 읽기 습관 바로잡을 마지막 기회

어릴 때부터 내 아이의 독서 습관을 어떻게 만들어 왔는지 엄마 스스로 옛날을 되돌아볼 필요가 있다. 그리고 자녀가 중학교 입학을 앞두고 있는 중이라면, 내 아이가 어떠한 언어적 사고력이 취약한 부분인지를 파악하고 그 부분을 채워나가기 위한 노력을 시작해야 할 것이다.

내 자녀의 수준에 맞는 맞춤형 독서를 통해 어휘력과 배경지식을 탄탄히 쌓아나갈 뿐만 아니라 '사실적 독서'를 넘어 '추론, 비판, 창의'의 언어적 사고력을 키우는 글쓰기와 말하기 훈련을 병행하는 것이 중요하다.

또 문해력 개별 훈련(P.T)을 통해 읽기의 취약점을 파악하고 올바른 처방에 따른 장기적 계획을 세우고 실천해 나가야 한다. 무엇보다도

'잘못된 읽기 습관 고치기' 훈련에 시간을 꾸준히 투자하여 그 습관이 고착화되지 않도록 하는 것이 중요하다. 고등학생이 되어 고착화된 읽기 습관을 고치려면 다른 과목을 모두 포기하고 국어에만 매달리거나, 아니면 국어를 포기하거나 둘 중 하나를 선택해야 하는 막막한 상황이 오게 될지도 모른다.

05

우리 아이 어휘력,
어떻게 높일 수 있을까?

일상에서 실천할 수 있는 어휘력 향상 솔루션

'족보'가 족발과 보쌈의 줄임말인 줄 안다던가, '사건의 시발점'이라는 말을 듣고 왜 선생님이 욕을 하냐고 했다는 등 어휘력의 심각성을 보여주는 웃지 못할 에피소드들이 참 많다.

이런 현실을 바라보며 요즈음 학생들의 어휘력과 문해력이 심각한 수준이라고 생각하는 교사가 92%나 된다는 설문조사 결과 역시 놀랄 일은 아니다. 현 상황의 원인은 누구나 다 알고 짐작하듯이 스마트폰의 과도한 사용으로 인한 독서량의 부족 문제와 관련이 깊다고 볼 수 있다.

모국어를 이해하지 못하는 아이들

유아기는 언어가 스펀지처럼 흡수되는 시기이다. 그런데 요즘 아이들은 이 중요한 유아기에 엄마, 아빠와의 대화에 노출되었던 시간이 매우 적은 데다가 6~7세 이후가 되어서도 여전히 독서량이 부족한 상태로 스마트폰 영상을 과도하게 접했던 경우가 많다. 어릴 때부터 대화나 독서를 통해 다양한 어휘를 습득할 기회가 부족하였으니, 초등학생이 되고 중학생이 되어서도 교과서 단어들의 의미조차 잘 이해하지 못하게 되어버린 것이 어쩌면 당연한 결과인지도 모른다.

영어유치원 열풍, 지난 10년을 돌아보다

게다가 10여 년 이상 '영어유치원 열풍'으로 인해 모국어 어휘를 쌓아야 할 유아, 유치 시기에 모든 것을 원어민 수업으로 배운 아이들이 꽤 많다. 사회, 과학 등 학습적 어휘를 비롯하여 기본적인 '생활어휘'마저 모국어로 된 어휘보다 영어어휘로 먼저 배우게 되는 이상한 상황이 실제 유치원 교육 현장에서 생겨나게 된 것이다.

초등학교 고학년에서 중학생이 되면 영어독해에서도 어려운 어휘들이 나오기 시작한다. 모국어 어휘의 개념이 제대로 정립되어 있지 않은 아이들은 추상적인 개념들을 당연히 영어어휘로도 이해하지 못하기 때문에 결국 높은 레벨의 영어실력을 갖추기도 어렵다.

가끔 초등 고학년 학부모들 중에 영어학원 원장님의 소개를 받고 찾아오는 분들이 있다. 그분들은 한결같이 자녀가 영유(영어유치원) 출신임에도 불구하고 높은 수준의 영어실력으로 가기에는 한계를 느꼈다고 말씀하시는 경우가 많았다. 그 이유는 대부분 한글 어휘력이 부족하기 때문이었다. 영어학원 원장님들이 너무나 답답한 나머지 초등 고학년이 된 학생들에게 독서국어학원을 먼저 다니라고 추천하는 현상이 지금까지 여전히 반복되고 있다.

모국어 어휘력이 곧 평생 사고력

우리 학원의 학부모들 역시 영어에 어릴 때부터 많은 돈과 시간을 투자했음에도 불구하고 영어 실력에 한계를 느끼며 힘들어하는 자녀에게 안타까움을 느꼈다는 분들이 많다. 그런데 이것은 단순히 영어실력을 더 향상시키지 못하는 것에만 문제가 되는 것이 아니다. 정말 중요한 본질적인 문제는 '모국어 어휘력'이 바로 그 아이의 '학습 사고력'뿐만 아니라 '평생 사고력'과도 관련되어 있다는 데서 시작된다.

어휘력이 부족한 아이들은 글을 읽을 때 문장 이해력이 떨어질 뿐만 아니라 다른 사람들과 대화를 할 때도 언어이해 능력이 부족하기 때문에 의사소통이 잘 안된다. 말이든 글이든 정보를 받아들이는 능력이 떨어지고, 정보를 처리하는 능력도 부족해 생각이 더욱 깊어지기가 어렵다. 배경지식과 어휘력이 바탕이 되어야 사실적 사고와 논리적 사고력이 생기고, 그러한 기본적인 언어능력이 점점 높은 수준의 사고로 이어지게 되는 것인데, 어휘력의 부족은 사고력의 부족으로 이어져 결국 모든 과목의 학습을 어렵게 만들게 된다. 5가지 언어적 사고력 중 모국어 어휘력이 다른 네 가지 사고력의 기본이자 밑바탕이 되는 이유가 바로 여기에 있다.

수다쟁이 엄마가 되자

《0세 교육의 비밀》이라는 책에 이런 사례가 나온다. 사투리를 사용하는 할머니, 할아버지와 함께 태어나자마자 딱 1년간 함께 시골에서 생활했던 아기가 1년 후 엄마, 아빠가 사는 도시로 올라오게 된다. 그 아기는 전혀 사투리를 사용하지 않는 엄마와 아빠와 함께 사는데도 말문이 열리면서부터 시골 사투리로 말하기 시작했다는 것이다. 말을 하지 못하는 아기일지라도 1년 동안 할머니와 할아버지의 대화에 노출되었기 때문에 그들의 말과 어휘를 흡수하며 자신의 언어로 받아들인 것이다.

아이가 어릴수록 가정에서부터 엄마, 아빠가 들려주는 단어들이 매우 다양하고 많아야 한다. 엄마, 아빠마저 스마트폰을 들여다보느라 서로 대화를 하지 않는 분위기에서는 아이도 많은 어휘에 노출되기가 어렵다. 또 아이와 함께 책을 읽거나, 아이가 조금 컸다면 스스로 읽게 한 후 엄마가 다양한 발문을 통해 아이의 생각을 끌어내 주며 엄마의 생각과 표현을 들려주는 것이 필요하다.

또한 독서뿐 아니라 몸으로 다양한 직접 경험을 하게 하면서도 눈으로 보이는 모든 것을 언어로 바꾸어 들려주려는 노력이 필요하고, 경험에 대한 대화를 나누려는 노력이 필요하다. 이렇게 노력하는 부모 아래에서 자란 아이들은 커서 남다른 어휘력을 보인다. 중학생, 고등학생이 되어서도 다양한 어휘력을 바탕으로 문해력을 꾸준히 키워가면서 계속 그다음 단계로의 진화와 성장을 거듭해 나갈 수가 있는 것이다.

어휘력은 독서가 답이다

초등학생 시기부터라도 새로운 어휘에 많이 노출되어야 한다. 아이들이 즐겨보는 쇼츠 영상에 나오는 어휘의 수준이나 양이 과연 얼마나 되겠는가. 역시 정답은 독서로 돌아가야 한다는 데 있다. 초등학생 시기라도 늦지 않았다. 지금부터라도 정말 많은 책을 읽으며 다양한 배경지식을 쌓고, 어휘력과 읽기능력을 키워야 한다.

인간의 두뇌는 17세를 전후로 퇴화하기 시작한다고 한다. 그전까지는 어떠한 변화든 이룰 수 있을 만큼 뇌가 발달할 수 있는 가능성과 여지가 활짝 열려있다는 긍정적인 의미로 받아들이는 것이 좋다. 물론 어떤 뇌과학자는 인간의 뇌가 죽을 때까지 발달할 수 있다고 이야기한다. 그러므로 초등학교 때부터라도 독서를 시작하고, 어휘력과 배경지식을 많이 쌓아가고자 노력해야 한다. 이 시기에 쌓은 어휘력과 문해력과 사고력이 평생을 갈 수도 있다고 생각하면 평생 삶의 질을 결정짓는 '평생 사고력'이 형성되는 정말 중요한 시기가 초등학교 시절임을 잊지 말아야 할 것이다.

독서 중 어학사전은 필수 아이템

독서를 하며 어휘력을 기르는 구체적인 방법은 무엇일까? 책을 읽다가 모르는 어휘가 나오면 곧바로 어학사전을 찾아보는 방법을 추천한다. 여전히 많은 국어선생님들이 종이로 된 국어사전을 찾아보라고 하는데, 사실 그러한 방법은 시대의 흐름을 적극적으로 따라가지 못하는 것이라고 개인적으로 생각한다. 종이 국어사전이든, 전자사전이든 찾아보는 데 의의가 있다.

어학사전 어플을 핸드폰이나 태블릿PC에 깔아놓고 모르는 어휘를 그때그때 찾아보는 습관을 들이면 종이책으로 된 두꺼운 국어사전을 찾는 것보다 훨씬 효율적으로 어휘력 공부를 해 나갈 수가 있다. 하지만 만약 핸드폰이나 태블릿PC 사용이 스스로 절제가 잘되지 않는 아이들이라면 어른이 옆에서 아이의 독서하는 과정을 직접 관찰하며 관리해 주는 것이 좋다. 아이가 독서 중에 모르는 어휘를 물어보면 곧바로 알기 쉬운 표현으로 풀어서 알려주고, 정확한 사전적 뜻을 알려주어야 할 때는 선생님이나 부모님이 곧바로 어학사전에서 뜻을 찾은 후 가르쳐 주는 식으로 가이드하면 된다.

그리고 책 한 권을 다 읽은 후, 그 책을 읽으며 알게 된 어휘들을 정리하여 적는 습관을 들이는 것도 좋은 방법이다. 어휘와 뜻을 찾아 적은 후에는 자신만의 어휘노트에 예문을 만들어 써 보는 것도 도움이 될 것이다.

어휘력 향상 솔루션 어휘 구술테스트

독서수업을 진행할 때 수업이 끝나기 10분 전, 나는 아이들에게 어휘 활동지를 적게 한 후 일대일로 구술어휘 테스트를 보는 시간을 자주 갖는다. 몰랐던 어휘, 어려운 어휘를 찾아 적게 한 후 자신의 말로 재구성하여 쉽게 외우게 한 뒤에 구술테스트로 어휘 뜻을 물어 봐 준다. 그러면 아이들이 자신의 말로 그 어휘의 의미를 쉽게 풀어 말해주는 식이다. 그러한 어휘 구술활동이 반복되다 보면 뇌에서 그 어휘를 훨씬 잘 받아들이고, 자신만의 어휘와 배경지식으로 잘 저장하게 된다.

어휘력 문제집 과연 효과가 있을까?

서점에 즐비한 어휘문제집을 따로 선정하여 공부하면 어휘력 향상에 효과가 있을까? 물론 효과가 아예 없지는 않다. 하지만 가장 좋은 방법은 독서를 하며 자연스럽게 많은 어휘에 노출되고, 문맥 속에서 어휘의 의미를 유추해 나가는 훈련을 하는 것이다. 그리고 문학이나 비문학 문제집에 지문별로 정리되어 있는 어휘를 공부하고 자신의 말로 쉽게 재구성하여 외운 후 선생님이나 부모님이 구술테스트로 확인해 주는 것을 꾸준히 해 나갈 수 있다면 그 또한 효과가 있을 것이다.

일상적인 어휘 활용 습관 기르기

　이렇게 습득한 어휘를 생활 속에서 계속 활용하려고 노력하고, 독서 후 글쓰기를 통해 사용하려고 노력하면 점점 어휘력이 향상될 수 있다. 물론 초등학생이라면 어른들의 도움이 어느 정도는 필요할 것이다. 이렇듯 아이들에게 새롭게 습득한 어휘를 가정에서나 일상생활에서 자주 사용할 수 있는 기회를 제공해 주는 것이 필요하다.

어휘력이 부족한 게 아니라 시대가 변하는 과정이라고?

　오늘날의 어휘력 부족 문제는 얼마 전 '한국경제' 칼럼에서 어느 경제학과 교수가 이야기한 것처럼, '시대가 변함에 따라 어휘가 변해 가고, 젊은 세대의 어휘를 기성세대들이 따라가지 못하고 있어 발생하는 하나의 사회적 현상'이라고 어쩌면 바라볼 수 있을지 모른다.

　한자어를 주로 사용하고 배웠던 우리 기성세대들은 요즘 유행하는 줄임말 어휘나 신조어 등을 주로 사용하는 청소년들과 청년들의 대화를 잘 이해하지 못할 수밖에 없다. 이러한 신세대 언어를 시대의 변화로 인정한다고 해서 교과서에서 한자어를 빼고 줄임말과 신조어로 도배를 할 수는 없는 노릇이다. 너무 어려운 관념적 단어나 한자어 사용을 유식함의 기준으로 삼는 올드한 사고방식은 버려야 하는 것이 마땅할 것이다.

하지만 우리말의 70%나 차지하는 기본적인 한자어들을 어느 정도 교육해 나가고 습득할 수 있도록 교육해야 할 의무가 우리에게 있다. 교육을 통해 이런 문제들을 해결해 나가지 않는다면 우리말과 글에 담긴 '민족의 얼'을 지켜나가려고 그토록 애쓰며 희생했던 우리 선조들에게 면목이 없을 것이기 때문이다.

기성세대가 다음 세대에 물려주어야 할 어휘력

'모 아니면 도'라는 생각이 교육에 있어서 가장 위험한 생각이다. 무조건 어려운 말만 사용하면서 이런 단어 뜻도 모르냐며 비난의 화살을 아이들에게만 돌리는 것도 옳지 않다. 혹은 요즘 세대의 흐름이고 변화이니까 한자어를 잘 모르는 현상에 대해 그저 받아들이고 그들은 그들대로, 그들만의 어휘로 인생을 살아가도록 내버려 두어야 한다는 의견도 전적으로 동의하기는 어렵다.

우리 아이들에게 독서와 문해력 훈련을 통해 다양한 어휘들을 심어주고 스스로 습득하게 함으로써 많은 배경지식을 쌓아갈 수 있도록 기회를 제공해 주어야 한다. 또한 어휘력을 바탕으로 기본적인 언어적 사고 능력을 키워갈 수 있도록 도와주어야 한다.

대한민국의 일원으로 태어난 우리 아이들에게 무엇보다도 먼저 도구적 능력인 '모국어 능력과 사고력'을 키워주며 이 나라에서 더 나은 삶, 행복한 삶을 평생 살아갈 수 있도록 도와주어야 하는 것이 우리 어른들의 의무가 아닐까 싶다.

고전문학, 왜 이렇게 어려울까?

고전시가 낭독으로 고전문학 쉽게 접근하는 법

'언어의 역사성'은 언어가 시간의 흐름에 따라 변한다는 언어의 특성을 의미한다. 우리가 쓰는 언어는 지금도 그 속성대로 열심히 변해 가는 과정에 있다. 그런 맥락에서 '알잘딱깔센'(알아서 잘 딱 깔끔하고 센스있게)과 같은 줄임말을 쓰기 좋아하는 요즈음 세대의 언어는 어쩌면 모든 것을 빨리빨리 해내야만 살아남는 요즘 시대의 모습을 반영한 것인지도 모른다. 시대를 막론하고 언어는 그 시대의 사회상과 생활상을 담고 있는 법이다.

옛날이나 지금이나 사는 모습은 비슷하다

조선시대 양반들이 고된 벼슬살이를 마치고 깊은 자연으로 들어가 여생을 보내며 남긴 수많은 시조와 가사 문학에는 자연과 관련한 내용들이 자주 등장한다. 예나 지금이나 '남자들은 나이가 들면 들수록 참 자연을 좋아하는구나...'라는 것을 느낄 수가 있는 대목이다. 요즘 50대, 60대 남자들이 가장 좋아하는 TV 프로그램 역시 '나는 자연인이다'라는 것을 보면 정말 옛날 남자나 요즘 남자나 자연을 좋아한다는 점이 비슷하다.

반면에 여성들은 언제나 남자들을 기다리는 경우가 많았다. 유일한 백제가요 〈정읍사〉에는 행상 나간 남편을 기다리며 걱정하는 아내의 절절한 마음이 담겨 있다. 옛날부터 지금까지 남자들은 왜 그렇게 여자들을 기다리게 하는 것일까. 〈남자는 배 여자는 항구〉라는 트로트의 가사를 보아도 비슷한 상황을 알 수 있다. 몇천 년이 지나도 여자들은 언제나 기다림과 한의 정서를 가지고 있는 듯하다.

이렇듯 사람 사는 이야기는 옛날이나 지금이나 다 비슷하다. '향찰' 문자로 표기된 신라시대의 노래인 '향가'나 15세기 이후 중세 한글로 기록된 고려시대의 구전 가요들과 조선시대 작품들 역시도 문자해석의 어려움이 있을 뿐. 사실 해석해 보면 내용은 그저 '사람 사는 이야기', 혹은 '사랑과 이별 이야기'가 많다. 옛날에 유행했던 많은 노래나 이야기들 역시 지금과 다를 바 없는 비슷한 주제로 지어졌던 것이다. 시간이 흘러도 변하지 않는 인간 삶의 모습이 있고, 오랜 세월에도 바래지 않는 인생의 가치가 있기 때문이 아닐까 싶다.

고전문학이 '제3외국어'라고?

고전문학을 처음 접하는 시기는 고등학교에 입학한 후 치르는 첫 국어시험을 준비하는 기간일 확률이 높다. 이때 학생들은 시간에 쫓기며 암기 위주로 고전문학을 급박하게 공부하게 된다. 만나게 되는 작품 수도 그 기간에 비해 너무 많다. 그래서 고전의 맛을 제대로 느끼지 못한 채 그저 달달 암기하고 문제풀이를 하면서 배우게 된다. 이렇게 열심히 고전문학을 공부하지만, 막상 낯선 고전 작품들이 수능 모의고사에 나오면 읽을 줄도 모르고 해석 자체가 되지 않기 때문에 너무 어려워서 포기하고 싶어지는 경우가 실제로는 많은 것이다.

고전문학을 '제3외국어'라고 할 만큼 고전 지문의 표기가 낯선 것은 사실이다. 아래아가 여기저기 찍혀있고, 여린히읗이나 어두자음군(초성에 자음이 두 개 이상 오는 문자) 등 생소한 음운 표기 때문에 겁을 먹고 아예 읽어보려고 하지도 않거나, 문제를 풀기도 전에 넘겨버리는 학생들도 참 많은 것 같다. 하지만 고전 지문을 소리 내어 읽는 연습을 하다 보면 어느 순간 요즈음의 말과 비슷한 어휘와 표현들이 의외로 정말 많다는 것을 깨닫게 된다. 그것이 고전에 대한 두려움을 떨쳐내는 시작점이 될 수 있다.

재미있는 고전시가 낭독훈련

중학생들을 대상으로 고전문학 특강을 지도하다 보면 처음으로 고전문학을 접한 중학생들은

"선생님, 이게 뭐예요? 글자가 이상하게 생겼어요."

라는 반응을 보인다. 이런 아이들에게 가장 먼저 시키는 것이 바로 '고전시가 읽는 법'이다.

신라시대의 향가 중 '찬기파랑가', '제망매가', 고려가요 중 '청산별곡', '서경별곡', '동동' 등의 대표작품들, 그리고 조선시대 대표 시조 20여 편과 '상춘곡', '사미인곡', '누항사' 등의 가사문학을 소리 내어 읽는 방법을 알려주고 각자 읽기를 연습시킨 후에 일대일로 한 명 한 명 낭독하고 현대어 해석을 하게 하는 것이다.

중학생들은 낯선 옛날 문자를 읽는 방법을 배우며 그것이 다른 나라의 문자가 아니라 바로 우리가 그토록 존경하는 '세종대왕'이 만든 한글 초창기 문자이고, 지금 우리가 쓰고 있는 '한글의 옛날 버전'이라는 것을 알기 때문에 정말 신기해하고 재미있어 한다. 처음에는 '이 글자가 무슨 글자야?' 하며 어리둥절해하지만, 한 문장 한 문장 소리 내어 읽고 따라 하면서 어느 순간 '고전 읽기의 달인'들이 되어버린다. 고전문학의 대표작품들을 가지고 그렇게 낭송 훈련만 해도, 현대어 풀이와 더불어 해석 연습만 시켜도 고전문학에 대한 흥미와 친숙함이 저절로 생기게 된다. 학교 시험공부를 위한 공부가 아니기 때문에 더욱 그럴 것이다.

공부 안 하면 제일 어렵고, 공부하면 제일 쉬운 고전문학

고전 읽기를 이렇게 연습한 후부터는 사실 고전문학 공부가 너무 쉬워진다. 현대시나 현대소설만큼 문제가 어렵지 않기 때문이다. 고전 지문은 해석이 어렵기 때문에 시험출제자들도 내용 파악을 하는 것에 중점을 둘 뿐, 아주 어려운 응용문제는 잘 출제하지 않는다.

중학생 때는 고등학생 때에 비해 그래도 시간이 여유롭다. 특히 방학에는 학교도 가지 않는다. 그래서 방학 오전 시간을 이용하여 '고전문학 특강'을 하면 집중해서 '고전낭독 훈련'에 몰입하기가 좋다. 소리 내어 읽다 보면 내용 이해가 잘 가고 작품 감상이 제대로 이루어진다. 또한 그 당시의 시대상과 생활상에 대해 생각해 보게 되고, 자신의 관점을 가지고 작품을 비평해 볼 수도 있게 된다. 어느 정도 고전 지문에 익숙해진 후에는 자기 주도적으로 다양한 고전문학 문제집들을 풀어가면서 고전문학 이론 학습과 문제연습을 쌓아가면 된다.

그렇게 중학생 시기에 고전문학을 재미있게 배운 학생들은 고등학생이 되어 교과서 작품이나 수능 모의고사에 고전 지문이 나오면 겁을 먹지 않게 된다. 그리고 낯선 고전 작품들도 해석을 어느 정도 해낼 수 있다. 여러 국어영역 중에 고전문학을 제일 좋아하게 되는 학생들도 정말 많다.

얼마 전 길을 가다가 우연히 20대 중반이 된 옛 제자를 만났다. 그 제자는

"선생님, 안녕하세요? 저 중학생 때 선생님께 고전문학 들었던 학생이에요. 그때 고전문학 특강 진짜 재미있었는데... 고등학생이 되어서도 전 고전문학을 제일 좋아했어요."

라고, 말해주었다. 심지어 어떤 고2 남학생은 올해 초에 조선시대 가

사 문학 '관동별곡'을 패러디한 '우장별곡'(우리 지역에 있는 우장산을 소재로 삼은 글)을 학교 백일장 운문부문에 써 내서 상을 타 오기도 했다.

'고전낭송의 힘'을 믿고 한 번씩 도전해 보기를 바란다. 요즈음은 고전시가 읽는 방법을 알려주는 동영상이나 고전시가 낭송을 찍어 놓은 영상 등도 있다. 나도 올봄쯤에는 '클래스유 강의 플랫폼'에 지난 여름과 가을에 개강한 〈국어 문해력 티칭법〉과 〈국어문법 티칭법〉에 이어 〈고전시가 낭송법〉을 올려볼 생각이다.

고전산문은 어떻게 공부해야 할까?

고전문학은 현대문학과 마찬가지로 '고전시가'와 '고전산문' 파트로 나뉘는데, '낭송의 힘'으로 어느 정도 극복할 수 있는 고전시가와 달리 고전산문은 약간 다른 방식의 공부법을 요한다. 물론 고전시가를 잘 읽을 줄 알게 되면 고전문학에 대한 이해가 전반적으로 좋아지고, 고전에 대한 친숙도가 생겨 고전산문을 읽을 때도 도움이 많이 된다. 하지만 특별히 고전산문을 읽을 때는 나름대로의 방법을 가지고 분석훈련을 해 나가야 할 필요가 있다.

인물의 호칭을 파악해야 내용 이해가 쉽다.

　고전산문도 시대에 따라 다양한 갈래가 있으나, 많은 비중을 차지하는 것은 단연 조선시대에 쓰여진 고전소설들이다. 고전소설을 읽을 때는 먼저 인물의 호칭에 주의해야 한다.

　현대소설 지문분석법에서도 언급했듯이, 소설의 구성요소인 인물, 사건, 배경에 표시를 하며 읽는 것은 고전소설도 동일하게 적용해야 할 방식이다. 하지만 고전의 인물은 이름이 하나로만 나오는 경우가 별로 없다. 허균의 《홍길동전》에서 서자 출신인 '홍길동'은 아버지인 '홍 판서'를 '아버지'라고 부르지 못하는데, 부르는 사람과 듣는 사람에 따라 같은 사람이라도 호칭이 달라지는 것을 발견할 수가 있다. 홍길동은 홍 판서에게 '대감마님'이라고 부르고, 자기 자신을 '소인'이라고 호칭한다. 자신과 같은 신분인 엄마 앞에서는 자신을 '소자'라고 부른다. 신분에 따라서 호칭이 달라지는 것이다.

　김만중의 소설 《사씨남정기》에 나오는 남자주인공의 이름은 '유연수'이다. 하지만 소설에서 '유연수'라는 이름과 더불어 '유공'이라고 부르다가 '유한림'이라고 불리고(한림학사라는 벼슬을 하였기 때문에), '유시랑' 그리고 '유승상'으로 계속 호칭이 바뀐다. 유연수는 '사 소저'를 부인으로 맞이하게 되는데 《사씨남정기》라는 제목에서의 '사씨'가 바로 '사소저'이자 '사부인'이다. 30세가 지나서도 부부에게 자녀가 없자 유연수는 '교씨'를 첩으로 맞아들이는데, '교씨' 역시 '교랑', '교칠랑', '교녀' 등으로 계속 인물의 호칭이 바뀐다.

고전산문을 처음 공부할 때는 이렇게 한 인물에 대해 호칭이 수시로 바뀌는 부분 때문에 내용파악이 쉽지가 않다. 주인공을 중심으로 그 주변 인물들과의 관계를 파악해 나가고, 인물이 겪는 일들을 바탕으로 중심 사건을 인지하며 그 인물의 심리와 성격을 추론해 나가면서 지문의 내용을 이해하게 되는 것인데, '소설해석의 첫 단추'인 '인물' 파악이 헷갈리니까 결국 내용 파악이 어렵게 되고 마는 것이다. 이렇듯 고전소설 해석을 할 때는 다양한 호칭에 대한 이해의 과정을 충분히 거친 뒤, 인물을 나타내는 표현들에 동그라미를 치며 읽는 습관을 들이는 것이 중요하다. 같은 인물을 나타내는 말에 같은 모양의 표시를 하며 읽고, 그 인물의 대사와 심리표현, 행동 등에 밑줄을 그으며 읽는 연습을 하다 보면 어느새 내용이 쉽게 이해되는 상태가 된 것을 경험하게 될 것이다.

그들의 생생한 삶 속으로 들어가라

지금까지 이야기한 방법대로 고전시가와 고전산문을 중학생 때부터 조금씩 공부해 나간다면 고등학생이 되어 고전 때문에 고전하게 되거나, 어렵다고 고전문학을 포기하는 일은 적어도 없을 것이다. 고전문학 작품들을 여유를 가지고 제대로 감상하며 그 시대를 살아갔던 우리 선조들의 생생한 삶 속으로 들어가 그들의 숨소리를 느껴보는 경험을 해 보기를 권한다.

07

국어문법,
이젠 선택이 아니라 필수!

중학교 국어문법 완벽 마스터하는 법

국어 1등급의 변별력이 어느 부분에서 가장 두드러질까? 바로 문법이다. 지금은 '언어와 매체'라고 불리는 수능 국어영역 중 선택과목의 하나이지만, 새로 바뀌는 2028년 대입제도 개편에 따라 앞으로는 언매(언어와 매체의 줄임말)가 선택이 아니라 필수로 마스터해야만 하는 영역이 되었다. 물론 정시, 즉 수능으로 대학을 가려는 학생들이 아니라 하더라도 수시 전형에 있어서 학종(학생부 종합전형)이든, 교과(교과 내신전형)든 빠질 수 없는 부분이 내신성적이기 때문에 국어 내신성적에서 가장 어려운 문법 파트를 어떻게 정복하느냐가 정말 중요해졌다.

연계성 있는 국어문법, 전체의 흐름을 한 번에 잡기

그렇다면 국어문법은 어떻게 공부해야 가장 효과적일까? 문법은 연계성 있는 단원들이 많기 때문에 한 번에 쭉 이어서 배울 때 이해가 가장 쉽다. 중간고사나 기말고사를 볼 때 조금씩 나뉘어져 있는 해당 시험 범위를 부분적으로 띄엄띄엄 공부하는 것이 현재 많은 중학생들이 문법을 공부하는 방식일 것이다. 하지만 그런 식으로 문법 공부를 끊어서 하면 단원들 간의 연계성을 잘 느끼지도 못하고, 시험이 끝나고 나면 공부한 내용을 쉽게 잊어버리는 데다가 심화학습도 잘 이뤄지지 않을 수 있다.

예를 들어 '음운의 체계', 즉 모음과 자음에 대해 배우고 곧바로 이어서 비음화나 유음화, 구개음화 현상 등과 같은 '음운변동 현상'에 대해 배우면 이해가 더욱 쉬울 것이다. 하지만 국어 교과과정은 음운의 체계를 학습한 이후 1년이나 2년 뒤에 음운변동 단원을 배우게 되어 있기 때문에, 1년 전의 내용을 기억하고 있거나 다시 복습하지 않는 이상 음운변동이 잘 이해가 가지 않는 경우가 많다. '한글맞춤법'이나 '표준발음법' 파트에도 또다시 음운변동에 대한 내용이 나오는데, 그 또한 연계성이 있음에도 불구하고 띄엄띄엄 배우게 되니, 문법실력이 탄탄하게 쌓이기가 어려운 것이다.

고등 국어문법의 뼈대가 되는 중등 국어문법

고등학교 문법은 정말 어렵다. 내신이든 수능이든 국어문법 문제의 난이도가 매우 어렵다 보니, 1등급을 가르는 중요한 변별적 요소가 되어버린 것이다. 그러니 문법을 잘 알아야만 우수한 국어성적을 받을 수 있다는 말이 된다. 현실이 이렇기 때문에 중학교 때부터 문법 공부를 열심히 해야 하는 것은 당연하다. 사실 중학교 문법은 고등학교 문법의 뼈대와도 같아서 중학교 문법공부를 제대로 해 놓은 학생들은 고등 문법과정을 배우며 응용과 심화를 반복해 나갈 수 있기 때문에, 그렇지 않은 학생들에 비해 더 깊이 있는 실력을 쌓아나갈 수가 있게 된다.

중학교 2학년 정도에 중등 문법 전과정을 오프라인 특강이나 인터넷 강의를 통해 한 번에 이어서 배우고, 평소에 드릴 문제집으로 복습해 나가도록 훈련하면 중3 정도에는 고등 개념서를 배울 수 있을 정도의 실력이 쌓이게 될 것이다. 또 고등학교 입학 전까지 고등 문법문제집으로 문제풀이 반복 다지기 훈련을 해 나간다면 실제 고등학생이 되어서는 문법 때문에 고생하거나, 점수가 안 나와서 좌절하는 일들이 훨씬 줄어들게 될 것이다.

'재필삼선'(재수는 필수이고 삼수는 선택)이라는 말이 생길 정도로 요즈음은 재수생 비율이 정말 높아졌다. 서울 강남권에서는 재수생 비율이 70%가 넘는다고 하니, 재학생들 중 상위권 학생들은 매년 6월 모고와 9월 모고 때만 되면 재수생들로 인해 자신의 등급이 떨어질까 벌벌 떠는 경우가 많다. 실제로 1등급 4% 중 반 정도의 재학생들은 재수생들이 함께 보는 수능에서 2등급으로 하락하는 경우가 많은데, 그만큼 공부를 잘하는 재수생들이 많기 때문일 것이다.

왜 재수생들에게 수능이 유리한 것일까? 국어영역만 놓고 본다고 하더라도 사실 수능 국어의 유형과 패턴이 어느 정도는 정해져 있기 때문에, 수능을 오래 공부하고 준비하면 할수록 점수가 잘 나올 수밖에 없는 것이 당연한 이치다. 그렇다면 거꾸로 중학생 때 수능 준비를 시작한다면 어떨까? 굳이 재수를 하지 않더라도 이미 만들어 놓은 실력이 다져지고 또 다져져서 안정적인 등급을 받게 되는 경우가 많다.

수능 국어 1등급은 중학교 때 만들어진다

지금까지 학원 현장에서 25년 동안 느끼고 경험한 바에 의하면 중학교 시기에 수능 국어를 공부하는 경우 어느 정도 똑똑한 학생들이라면 고등학교 입학 후에 1등급에서 2등급 정도를 받기가 쉽고, 또 한 번 만들어 놓은 국어 실력은 어느 정도의 관리만으로도 꾸준히 유지가 되는 경우가 많다.

물론 사춘기를 심하게 겪고 있는 중학생에게 억지로 고등 선행을 시키는 것은 바람직하지 않다. 어떤 과목이든 자발성이 전혀 없는 아이에게 강제로 공부를 시키게 되면 효과가 잘 나지 않는 법이다. 공부에 대한 욕심이 조금이라도 있는 아이들을 대상으로 자연스럽게 중학교 국어문법 공부를 시킨 후 난이도를 조금씩 높여 가며 문제풀이 훈련을 해 나가다 보면 아이 스스로가 더 어려운 고등과정의 개념을 배우고 도전하고 싶어 하는 경우들도 의외로 많다.

문법개념 요약 암기와 백지 테스트의 중요성

국어문법 공부에 있어서 가장 중요한 것은 무엇일까? 바로 개념암기다. 이해만 하고 암기를 하지 않은 상태에서는 문제가 잘 풀리지 않는다. 단원별로 중요한 내용을 요약하고 정리한 후 암기를 해야만 자기 것이 된다. 그리고 암기한 내용을 문제풀이에 끊임없이 적용하는 훈련을 해야만 한다. 강의식 수업에서 "이건 중요하니까 암기하세요!"라고 선생님이 말하는 데에만 그친다면 학생들에게 있어 '한 귀로 듣고 한 귀로 흘러 나가는 수업'이 되기가 쉽다. 국어문법 학습을 위해 학원을 선택할 때에는 암기까지 제대로 책임지고 지도를 해 주는가, 암기 이후에도 개념을 적용할 수 있도록 문제풀이 훈련을 끊임없이 시켜주는가를 꼭 점검할 필요가 있을 것이다.

만약 집에서 '엄마표 문법공부'를 하더라도 꼭 개념암기를 필수로 하여 백지 테스트를 보게 해야 한다. 한 번에 모든 내용을 암기하는 것은 당연히 어렵겠지만, 반복 암기하고 누적해서 암기해 나가는 것을 연습하면 국어뿐만 아니라 전과목을 공부할 때도 많은 도움이 될 것이다. 암기력이 매우 약한 요즈음 아이들에게 암기훈련을 시키는 것만으로도 학습의 기초능력을 쌓을 수 있는 필수 훈련이 되기 때문이다. 개념을 정리할 때는 장황하지 않도록 핵심적인 내용만 요약해서 정리하고 그 내용을 바탕으로 암기하는 것이 좋다. 문법개념은 장황하면 할수록 이해가 더 안 되고, 더 잘 외워지지 않는 법이다.

문법은 반복이 중요하다

문법은 한 번 개념을 암기했다고 해서 단번에 100% 자신의 것이 되기는 어렵다. 물론 암기를 하는 것만으로도 훨씬 이해도가 깊어지는 것은 당연하지만, 1년마다 한 번씩 전체개념을 한 번에 쭉 이어서 듣고 다시 한번 암기하는 반복 학습이 매우 중요하다. 중1 때 기초 개념서로 공부를 했다면 중2 때는 중등 전과정이 들어있는 기본서로 복습을 하고,

중3 때는 고등 개념서로 다시 공부를 해주는 식이다. 즉, 난이도를 조금씩 높여 가면서 꾸준히 개념과 문제풀이 훈련을 해 주는 것이 좋다.

모든 공부가 사실 그렇다. 한 번 배우면 우리의 뇌에서 일부의 지식만 남고 대부분 사라지고 만다는 것은 일반적으로 누구나 아는 사실이 되었다. 19세기 독일의 심리학자인 '헤르만 에빙하우스'는 '망각곡선'에 대한 이론을 내세웠는데, 그의 연구는 우리 인간의 뇌가 얼마나 기억하는 것에 취약한지를 잘 설명해 주고 있다. 즉, 인간은 열심히 공부하고 암기한 내용도 하루 만에 70% 정도를 모두 잊어버리고 만다는 것이다.

하지만 '절약률 효과'라는 실험을 통해 같은 내용을 반복하여 암기하면 첫 번째 들었던 시간에 비해 같은 내용을 암기하는 데 시간이 50%가 절약된다는 사실 또한 그는 강조하였다. 일정한 간격을 두고 개념을 두 번, 세 번 반복 학습을 해 나간다면 그 지식이 결국 원하는 만큼 모두 머릿속에 쌓인다는 것을 이론이 증명하는 것뿐만 아니라 공부를 좀 해 본 사람들이라면 누구나 경험적으로 알 것이다.

국어 문해력과 국어문법은 공부법이 다르다

문해력은 배경지식이라기보다는 기술에 가깝다고 볼 수 있지만, 국어문법은 지식이 맞다. 그렇기 때문에 국어 문해력은 지문 분석훈련을 통해 기술이 체화되어지면서 좋아지고, 국어문법은 학습과 암기의 반복을 통해 좋아지는 것임을 알아야 한다. 무엇을 공부하느냐에 따라 어떻게 공부해야 하는지도 정해진다는 것을 기억하길 바란다.

08

국어를 잘한다는 것의 의미

언어능력과 언어적 사고력의 균형 맞추기

얼마 전 전자교과서 도입에 대한 정부 방침이 발표되었다. 다행히도 국어는 종이 교과서를 유지하기로 했다는 소식에 모두들 안도의 한숨을 내쉬었다. 문해력 저하에 대한 학부모들의 걱정을 반영한 결정이었다고 정부는 설명했다.

전자패드를 이용한 교육이 점점 활성화되고 있는 추세다. AI 기술 발전에 따른 다양한 변화들이 급속도로 사회 전반에 영향을 끼치고 있다. 미래 사회에 대한 불확실성 속에 걱정도 설렘도 함께 있는 것 같다.

교육은 '백년지대계'라는데, 백 년은커녕 10년 앞의 변화도 확실하게 내다볼 수 없는 오늘의 현실 속에서 적절한 교육제도를 만들어 나간다는 것이 어렵다는 것은 인정한다. 하지만 가장 보수적으로 천천히 변해야 할 분야가 바로 교육이라고 생각한다. 미래 사회를 책임지고 살아갈 아이들의 교육인 만큼 절대 쉽게 생각해서도, 조급하게 결정해서도 안 될 것이다.

국어능력 = 읽기, 쓰기, 말하기, 듣기 능력 + 언어적 사고력

20년 이상 학부모들을 상담해 오면서 많이 들었던 말 중에 하나가

"우리 아이는 국어를 너무 못해요. 국어를 잘하려면 어떻게 해야 하나요?"

이다. '국어를 잘한다'는 것의 의미를 학부모들은 보통 국어 지필평가를 잘 보는 것이라고만 생각하는 경향이 있다. 국어시험은 사실 지필평가로만 치러지지 않는다. 내신에는 수행평가가 포함된다. 그리고 수행평가는 보통 글쓰기와 발표를 통해 이뤄지는 경우가 많다. 국어영역 전체를 말하기, 듣기, 읽기, 쓰기로 구분할 때 읽기 능력은 지필평가를 통해, 말하기와 글쓰기 능력은 수행평가를 통해 시험에 반영된다.

하지만 많은 학부모들은 국어능력을 '읽기능력'이라고만 생각하고, 읽기 학습에만 너무 치우치는 경우가 많다. 물론 문해력은 작은 범주에서 읽기 능력을 의미하기도 한다. 하지만 사실 큰 범위로 보면, 자신이 아는 것이나 생각한 것을 말이나 글로 표현하는 능력 모두를 포함하는 것이므로, 단순한 읽기 능력과 문해력을 정확하게 동일시 하기는 어렵다.

또한 언어적 사고력 중에서 추론 능력과 비판 능력, 창의적 문제해결 능력은 말하기와 글쓰기 훈련을 통해 한층 더 깊이 있게 발달해 나갈 수가 있다. 그러므로 단지 글을 읽고 이해하는 능력을 넘어, 다양한 간접경험과 배경지식들을 자신의 것으로 체화하고, 기존의 가치관과 더불어 재해석하여 자신만의 언어로 표현할 줄 아는 사람이야말로 국어능력이 뛰어난 사람이라고 할 수 있다.

초등교육과 중고등교육의 단절

초등학교 때까지 독서와 더불어 글쓰기나 말하기 교육을 중시하던 엄마들도 자녀가 중학생이 되면서부터는 시험 위주의 국어학습을 하는 학원으로 갈아타기를 시도한다. 영어도 초등학교 때까지 영어 말하기 위주의 수업을 진행하는 곳에 보내다가 중학생이 되면서부터는 영어 내신 전문 또는 수능 전문학원으로 옮기는 것과 마찬가지 현상이라고 볼 수 있다.

그때부터 아이들은 본질적인 능력을 키워주는 지금까지의 교육과는 연계성이 없는, 단지 시험을 잘 보기 위한 입시 체제로 돌입하여 고3까지 공부를 해 나가게 된다. 초등 국어교육과 중등 국어교육이 단절될 수밖에 없는 현실이 안타깝다.

독서교육과 국어교육의 병행이 중요하다

'모 아니면 도'가 가장 쉬운 길이다. 뭐든지 균형을 맞추는 것이 가장 어렵다. 어느 것에도 치우치지 않고 균형 있게 중도의 길을 가는 것이 중요한 일이기도 하다. 이렇듯 독서교육과 국어교육도 균형 있게 병행되어야 한다. 어릴 때는 독서교육만 시키다가 중학교에 가면 독서나 논술교육을 등한시하며 국어시험 점수 따는 것에만 치중한다면 균형 있는 국어교육이 일어날 수가 없다.

청소년기 때에야말로 자신만의 생각과 가치관이 무르익을 시기이다. 자신의 인생에 대해 깊이 생각해 볼 나이이며, 자기 자신의 정체성을 고민하면서 꿈을 찾아나갈 때이다. 이런 중요한 청소년기에 독서는 나침반 역할을 해준다. 어디로 나아가야 할지 알게 해주는 좋은 길라잡이가 되어 준다.

또한 독서교육 안에서 이뤄지는 말하기 교육과 글쓰기 교육을 통해 더욱 깊이 있는 언어적 사고력 발달과 언어능력 발달의 균형 있는 성장이 가능하다. 우리나라 청소년들이 학교 수행평가 준비를 위한 글쓰기 외에 자신의 생각과 가치관을 정립해 나가기 위한 진지한 글쓰기를 평소에 과연 얼만큼 하고 있을까. 자신의 내면을 성찰하고 가치관을 정립해 나가는 데 있어서 글쓰기만큼 좋은 도구는 없다. 글쓰기를 통해 십대들의 정서적인 어려움, 사춘기의 고민 등을 해결하며 자아존중감을 높여 나가는 것이 정말 중요하다.

그런데 중학생이 되면 학교 시험 점수와 관련한 제대로 된 국어학습도 시작해야 한다. 학교 시험과 관련한 학습을 등한시하고 독서 논술교육에만 모든 것을 의지해서도 안 된다는 얘기다. 중고등학교 시절에 독서만 많이 하면 국어 내신과 수능에서 국어 1등급을 받을 수 있다고 말하는 것은 현실을 무시한 허황된 이야기일 수 있다. 높은 국어 성적을 받기 위해서는 내신과 수능의 평가요소, 문제유형 등을 고려한 종합적 문해력 훈련과 국어학습이 필요하다. 갈래별 이론을 암기하고, 문학과 비문학 지문분석 훈련을 하되, 난이도를 조금씩 높여가며 몇 년에 걸쳐 해나가야 한다. 또 국어문법과 고전문학의 배경지식을 쌓으며 제대로 된 국어실력을 중학교 시기부터 차곡차곡 쌓아나가야 하는 것이다.

우리나라 국어교육의 변화를 꿈꾸며

나는 어릴 때부터 '국어 선생님'이 되는 것이 꿈이었다. 국어과목을 유독 좋아했고, 책 읽기와 글쓰기를 좋아했다. 초중고는 물론 대학생이 되어서도 늘 '독서토론 동아리'를 만들어 책을 읽고 친구들과 이야기 나누는 것을 즐겼다. 대학 역시 국어국문과에 소신 지원을 했으며, 국어 선생님이 되겠다는 결심을 한 번도 바꾼 적이 없었다.

지금도 여전히 나는 국어 가르치는 것을 좋아한다. 말하고, 듣고, 읽고, 쓰는 것을 좋아한다. 또한 국어교육에 있어서 잘못되었다고 생각하는 바를 비판하고, 그에 대한 나만의 해결책을 찾고 대안을 다른 이들에게 제시하기 위해 노력하고 있다. 언어능력과 언어적 사고력의 균형을 갖춘 사람이 국어를 잘하는 것이라면, 그렇다. 나는 '국어를 잘하는 사람'에 속한다고 스스로 생각한다.

시험에서 좋은 점수를 받고 좋은 대학을 나왔어도 자신의 생각을 말이나 글로 잘 표현하지 못한다면, 그리고 이해력과 추론능력을 넘어 비판적 사고력과 창의적인 문제해결력을 가지지 못했다면, 국어를 잘하는 사람이 아니라고 말할 수 있을 것이다.

나는 우리나라의 모든 청소년들이 '국어를 잘하는 사람'으로 자라나기를 소망한다. 그래서 앞으로도 독서와 국어의 병행을 강조하며, 내가 고안한 새로운 대안책으로서 '문해력 P.T'를 많은 이들에게 알려 나갈 것이다.

국포자 제발 되지 맙시다

'국포자'(국어포기자)가 점점 늘어나고 있다. 국어를 포기한다는 것은 국어를 잘하는 것과는 반대의 의미일 것이다. 언어능력과 언어적 사고력 확장의 포기를 의미하는 것이다. 이 땅에서 대한민국의 국민으로 살면서 모국어로 말하고, 듣고, 읽고, 쓰는 것을 포기한다면, 그리고 언어적 사고력을 가지고 살아가는 것을 포기한다면 우리 아이들은 과연 어떤 삶을 살아가게 될까?

단지 국포자가 되어 국어시험을 못 보고 좋은 대학을 못 가는 정도로 끝날까? 결과가 그게 다일까? 그렇지 않다는 것은 누구나 짐작할 수 있다. 그럼에도 우리는 지금 어떤 노력을 하고 있을까?

많은 학부모들에게 묻고 싶다. 우리 자녀들에게 정말 제대로 된 독서교육과 국어교육을 해 나가고 있는지를. 대학입시를 넘어 자녀의 인생 전체를 바라보며 청소년기의 교육을 세팅해 나가고 있는지를. '모 아니면 도' 식으로 어느 한 곳에 치우친 교육을 해 나가고 있지는 않은지 진지하게 함께 생각해 보았으면 좋겠다. 이젠 더이상 우리 아이들이 '국포자'가 되지 않기를 바란다.

PART 2

영어

말하기부터 쓰기, 시험대비까지

01

우리 아이는
왜 영어로 말하기가 어려울까?

영어 말하기 자신감을 높이는 실전 팁

20년 넘게 영어를 가르쳐 오면서 학부모님과 학생들로부터 가장 많이 듣는 질문 중 하나는 이 것이다. "우리 아이는 영어 읽기나 쓰기는 잘하는데, 왜 말하기는 이렇게 어려워할까요?" 이 질문은 누구나 공감할 수 있는 고민이다. 나 역시 영어를 배우며 이런 문제를 수없이 겪었고, 현재 학원에서 만나는 학생들도 같은 어려움을 겪고 있기 때문이다. 대부분의 학생들이 학교에서 열심히 영어를 공부하고 문법과 단어를 배워서 시험에서 좋은 성적을 거두지만, 막상 영어로 말해야 할 순간이 오면 쉽게 입이 떨어지지 않거나, 작은 목소리로 겨우 몇 마디를 꺼낸다. 특히 중·고등학생들이 말하기 수행평가를 준비할 때 이런 어려움을 많이 느낀다.

이러한 현상은 비단 우리나라에만 국한된 것이 아니다. 영어 교육 시스템이 비슷한 여러 나라에서도 흔히 발생하는 문제다. 학생들이 영어를 '언어'가 아닌 '교과목'으로 접근하게 되면서, 말하기보다는 읽기와 쓰기에 더 많은 시간을 투자하게 되는 경향이 있다. 많은 학생들이 영어를 '실생활에 필요한 능력'이라기보다는 '수능시험을 위한 과목'으로 인식하는 경우가 많다. 그 결과, 영어를 실제 소통의 도구로 사용하는 데 큰 어려움을 겪게 된다.

앞서 언급했듯이, 영어는 본질적으로 '소통'의 수단이다. 그렇기 때문에 읽기, 쓰기, 듣기만큼이나 '말하기' 훈련도 필수적이다. 아이들이 영어로 자연스럽게 말할 수 있도록 돕기 위해서는 그들에게 충분한 실전 경험을 제공하고, 무엇보다 자신감을 키워주는 것이 중요하다. 첫 번째 장에서는 아이들이 영어 말하기에 자신감을 가질 수 있도록 도와줄 실질적인 팁들을, 내가 경험한 사례와 함께 소개하려 한다. 20년 동안 수많은 학생들을 지도하며 알게 된 유용한 팁과 영어 말하기의 어려움을 극복하기 위한 구체적인 방법들을 차근차근 설명해 보겠다.

이 책을 통해 아이들이 영어를 '학문'이 아닌 '언어'로, 즉 소통의 도구로 인식하고, 자신감을 가지고 말할 수 있도록 돕는 것이 내 목표다.

듣기가 말하기 실력에 미치는 영향

영어를 잘 말하기 위해서는 듣기가 무엇보다 중요하다. 아이가 영어를 들을 때 얼마나 집중하고, 그 소리를 어떻게 받아들이느냐에 따라 말하기 실력은 크게 달라질 수 있다. 듣기가 말하기에 미치는 영향을 설명하기 위해 먼저, 우리가 모국어인 한국어를 배운 과정을 떠올려 보자. 어릴 적 우리는 아무런 지식이 없는 상태에서 옹알이를 시작하고, 부모님과 주변 사람들의 말을 끊임없이 들으면서 자연스럽게 말을 배우기 시작했다.

그렇다면 영어는 어떨까? 마찬가지로 충분히 듣고 소리에 익숙해져야 입에서 자연스럽게 말이 나오게 된다. 실제로 학원에서 영어를 배우는 많은 학생들이 말하기를 어려워하는 이유 중 하나는 충분히 듣지 않았기 때문이다, 즉, 영어 환경에서의 노출이 부족하다는 것이다. 대부분의 아이들이 교과서에 나오는 글을 읽고 해석하는 데만 집중하기 때문에, 실제로 영어소리를 충분히 경험할 기회가 적다. 영어 말하기는 원어민의 발음을 듣고 내용을 무리 없이 인지할 수 있어야 하며, 학생들이 발음한 영어 단어를 원어민이 이해할 수 있어야 완성된다.

캐나다에서 학생들과 함께 영어 캠프에 참여했던 경험을 떠올려 보면, 아이들은 처음에는 원어민의 대화를 듣고 당황하거나 바로 답을 하지 못해 어려움을 겪었다. 이는 특히 원어민의 빠른 말 속도, 억양, 발음 등이 한국에서는 쉽게 접하기 어려운 요소들이기 때문이었다. 나 또한 한국에서 가르치던 학생들과 영어 캠프에 참가했을 때, "선생님 발음이 한국에서 말할 때와 다른 것 같아요."라는 말을 들었다. 캐나다에서는 나도 모르게 원어민처럼 말하게 되지만, 한국에 돌아와 학생들 수준에 맞추어 가르치다 보니 더 편한 발음으로 적응하게 되는 것이다.

아이들 역시 시간이 지나면서 원어민의 대화 흐름에 점차 적응하고, 억양을 익히며 자연스럽게 그 분위기를 따라가면서 영어 말하기에 자신감을 가지게 되었다. 이러한 과정은 단순한 경험이 아니다. 아이들이 다양한 소리 패턴, 억양, 발음을 지속적으로 들으면서 영어 소리에 대한 이해가 깊어지고, 그 결과 자신 있게 영어로 말할 수 있게 되는 것이다. 듣기가 말하기 실력에 얼마나 큰 영향을 미치는지를 보여주는 중요한 사례가 아닐 수 없다.

따라서 영어 말하기 실력을 키우기 위해서는 먼저, 영어 환경에 자주 노출되어 듣기 실력을 향상시키는 것이 중요하다. 아이들에게 다양한 영어 소리를 들려주고, 원어민 발음을 따라 할 수 있는 기회를 많이 만들어 주고, 아이들 스스로 영어 말하기를 연습하는 모습을 촬영해 다시 보여주는 것도 도움이 된다. 가정에서는 유튜브 영상, 영어 동화책, 애니메이션 등의 다양한 콘텐츠를 활용해 일상 속에서 영어 소리를 접할 수 있도록 돕는 것도 좋다. 이러한 과정을 통해 아이들은 자연스럽게 말하기에 필요한 소리 패턴을 익히고 자신감을 가지게 될 것이다.

오랜 시행착오 끝에 도입한 EVT(English Vocal Training) 프로그램은 기존의 내용 중심 학습(문법, 독해, 어휘)에서 벗어나 영어 소리의 근원과 발성 방법을 통해 모국어처럼 영어를 습득하게 하는 방식이다. 이 프로그램은 학습의 새로운 트렌드를 제시하며, 먼 곳에서도 배우러 오는 학생들이 있을 정도로 큰 반응을 얻고 있다. 이 프로그램을 활용한다면 한국식 영어 교육의 단점을 보강하여 영어 듣기와 말하기를 모두 잘할 수 있는 결과를 얻게 될 것이다.

실천할 수 있는 듣기와 말하기 연습법

영어 듣기와 말하기 능력은 지속적인 훈련을 통해서만 효과적으로 향상될 수 있다. 특히 말하기 훈련은 단순히 반복적으로 소리 내어 말하는 것에 그치지 않고 다양한 방법과 상황 속에서 지속적으로 도전하는 것이 중요하다. 단순한 말하기 연습만으로는 실질적인 성장을 기대하기 어렵기 때문에, 학생들이 실제 무대에 서서 발표하거나 말하기 대회에 참가하여 긴장감을 경험하게 하는 기회를 제공하는 것이 필수적이다. 이러한 과정을 통해 학생들은 발표와 대회를 마치고 나면 하나

같이 성취감을 느끼고 자신감이 크게 향상되었음을 느꼈다고 피드백하였다. 학생들의 피드백을 기반으로 도움이 될 만한 연습 방법을 몇 가지 이야기해 보겠다.

첫 번째로 추천하는 연습법은 '사운드 자료를 활용한 질문과 답변하기' 연습이다. 학생들이 영어로 된 대화를 듣고 그 내용을 이해한 후, 간단한 질문을 통해 내용의 핵심을 확인한다. 이때 학생들은 질문에 대해 자신의 생각을 영어로 소리 내어 답변하게 된다. 이 방법은 듣기와 말하기를 동시에 훈련할 수 있는 매우 효과적인 방법이다. 또한 이 방법으로 한국어와 영어를 함께 듣고 말하는 통번역 훈련 도입이 가능하다. 그렇기 때문에 통역 자격증에 도전할 수 있을 만큼의 실력을 쌓도록 하는 지도가 가능하다. 말하기 훈련을 충분히 한 학생들은 이러한 통번역 훈련에서 자연스럽게 통과하는 성과를 보여준다.

두 번째로는 다양한 주제를 바탕으로 한 '실제 대화 연습하기'이다. 학생들이 관심을 가지고 있는 주제를 선정하여 장단점 등을 영어로 토론하게 함으로써 학생들 간에 의견을 나누고 교사와 함께 결론을 도출하는 활동이다. 예를 들어 학생들이 즐겨 하는 게임, 최신 영화, 환경 문제와 같은 주제를 다루며 영어로 의견을 나눈다. 이렇게 진행되는 '실제 대화 연습'은 학생들이 영어로 생각하고 그 생각을 즉각적으로 표현하도록 만드는 데 큰 도움을 준다. 처음에는 어색해하거나 실수를 하기도 하지만, 시간이 지나면서 대화가 점점 더 자연스럽고 활발해지는 것을 볼 수 있다. 특히 교사가 실수에 대해 자유로운 분위기를 만들어 주면 학생들은 말하기에 대한 부담을 덜고 더 즐겁게 영어 학습에 임하게 된다.

세 번째로는 '실생활에서도 영어로 말할 수 있는 다양한 기회를 만들어 주는 것'이다. 학원에 도착하면 학생들이 선생님께 영어로 인사하고, 오늘의 기분이나 하루의 계획을 영어로 이야기하게 하는 것도 방법이다. 습관을 들이는 연습이라고 볼 수 있다. 가정에서도 형제나 부모님과 간단한 영어 대화를 시도하는 것이 좋다. 실제로 아이들에게 저녁 식사 후 하루 동안 있었던 일을 영어로 말해보도록 지도한 적도 있다. 이러한 일상 속에서 영어를 자연스럽게 사용하는 습관을 들이게 되면, 아이들은 점차 영어 말하기에 자신감을 얻게 된다. 실수를 두려워하지 않고, 영어를 통해 자신을 표현하는 즐거움을 느끼도록 돕는 것이 학습의 핵심이다.

영어 말하기는 지식의 축적에서 끝나는 것이 아니라 실질적으로 활용할 수 있는 능력으로 이어져야 실력 향상으로 이어진다. 학생들이 발표, 토론, 일상 대화 등의 다양한 방식으로 영어를 꾸준히 연습하면서 자신만의 목소리로 말할 수 있는 기회에 지속적으로 노출되어야 한다. 이러한 실전 훈련을 통해 학생들은 단순히 '외운 영어'가 아닌, 진정으로 소통할 수 있는 '자신의 영어'로 대화를 할 수 있게 된다.

쉐도잉 기법으로 말하기 훈련 효과 극대화

말하기 훈련에서 효과를 극대화할 수 있는, 가장 추천하고 싶은 방법 중 하나는 쉐도잉(Shadowing) 기법이다. 쉐도잉은 원어민의 음성을 듣고 최대한 똑같이 따라 말하는 방식으로, 발음, 억양, 속도 등을 모두 연습할 수 있는 효과적인 방법이다. 특히 발음이 약하거나 억양에 자신이 없는 학생들에게 큰 도움을 준다.

다양한 쉐도잉 자료를 활용해 학생들에게 이 기법을 가르치고 있다. 처음에는 간단한 문장부터 시작해, 이를 듣고 천천히 따라 하도록 한 후 점차 복잡한 문장으로 확장해 나간다. 이 과정에서 학생들은 원어민 발음을 최대한 흉내 내며 자연스럽게 발음을 교정하고 영어 억양에 가까워진 형태로 개선되어 간다.

쉐도잉에서 가장 중요한 점은 반복적인 연습이다. 처음에는 어색하고 어렵게 느껴질 수 있지만, 꾸준히 반복하다 보면 점점 더 자연스럽게 영어를 구사하게 된다. 이 기법은 단순히 발음 교정뿐만 아니라 영어 문장 구조와 자연스러운 리듬을 익히는 데도 큰 도움을 준다. 우리

학원의 학생들은 쉐도잉을 통해 자신만의 발음 스타일을 만들어가며, 특히 영어 말하기 대회에서 많은 성과를 거두고 있다.

쉐도잉을 연습할 때는 처음부터 빠른 속도로 시작하지 않고, 또박또박 천천히 시작하는 것이 중요하다. 이후부터 조금씩 속도를 올리며 연습하다 보면 발음이 자연스러워지고 말하기 속도도 개선된다. 더불어, 쉐도잉 학습 교재로는 아이들이 흥미를 느낄 수 있는 콘텐츠를 활용하는 것이 효과적이다. 예를 들어, 아이가 좋아하는 애니메이션의 대사나 영화 속 대화를 따라 하게 하면 흥미를 유지하면서 더 적극적으로 참여하게 된다. 이런 방식으로 아이들의 흥미를 끌어내며 꾸준히 연습하다 보면, 자연스럽게 영어 말하기 실력이 향상되는 모습을 보게 될 것이다.

영어 말하기를 포함한 영어 학습은, 아이들이 영어를 학문이 아닌 진정한 소통의 도구로 인식하고 자신 있게 말할 수 있도록 돕는 역할을 충실히 할 때 제대로 이루어진다. 영어로 잘 말할 수 있는 사람이 되기 위해서는 특히 듣기와 말하기 훈련이 중요하며, 그 과정에서 자신감을 향상시키는 것은 필수 요건이다. 첫 번째 장에서 제시한 다양한 실전 팁과 훈련 방법들을 통해 훈련해 본다면 아이들이 영어를 소통의 수단으로 자연스럽게 사용할 수 있게 될 것이다. 이러한 과정을 통해 우리 아이들이 영어를 배움으로써 더 넓은 세상과 소통하고, 자신감 있는 글로벌 인재로 성장해 나갈 수 있기를 기대해 본다.

02

영어 시험에서
실수를 줄이는 방법은?

성적을 올리기 위한 현실적인 문법 정복법

영어 시험에서 실수를 하는 것은 전국의 학생들이 공통적으로 겪는 어려움이다. 시험 점수를 받고 내가 분명히 알고 있던 내용이었는데도 틀렸다는 사실을 깨달았을 때의 그 아찔한 순간을 우리는 모두 경험한 적이 있을 것이다. 특히 긴장된 순간에 문제를 서둘러 풀다 보니 아는 내용도 실수하고, 문법 규칙을 기억해 내지 못해 아쉬운 결과를 얻는 경우가 많다.

시험을 마친 후, "나는 왜 이런 실수를 했을까?"라는 자책과 함께 아쉬움을 느꼈던 경험이 있다면, 두 번째 장에서는 바로 이런 경험이 있는 이들을 위한 것이다. 이번 챕터에서는 우리들이 겪는 문제들을 깊이 있게 찾아보고, 어떻게 하면 더 이상 이런 실수를 반복하지 않을 수 있는지에 대해 구체적인 방향을 제시하고자 한다. 많은 학생들이 공통적으로 겪는 어려움을 바탕으로 실질적이고 바람직한 해결책을 제공할 것이다.

우선, 학생들이 시험에서 자주 틀리는 문법 유형을 하나씩 짚어볼 것이다. 문제를 잘못 읽어서 실수하는 경우, 복잡한 문법 규칙을 제대로 이해하지 못한 경우, 그리고 단순히 암기했기 때문에 변형된 문제에 대응하지 못하는 경우 등 예문을 활용하여 실수의 원인을 이해하도록 진행할 것이다.

또한 문법 규칙을 쉽게 기억할 수 있도록 돕는 공부법들을 소개해본다. 단순 암기가 아닌, 실제로 이해하고 응용할 수 있게 만드는 연상법, 시각화, 게임 등의 활용 전략을 살펴볼 것이다. 이러한 방법들은 학생이 어렵게 느끼는 문법을 더 친근하게 접근하고, 시험에서 자연스럽게 떠올릴 수 있게 하는 데 큰 도움이 될 것이다.

마지막으로 평소에 배운 문법을 실제 시험에서 잘 활용할 수 있는 팁들을 제시할 것이다. 시험에서는 정확한 문제 해석, 특히 시간 관리가 중요하다. 문제에서 요구하는 바를 정확히 파악하고, 시간 내에 답을 도출하는 능력을 기르기 위해 실전에서 바로 적용할 수 있는 연습

방법들을 소개할 예정이다.

이번 챕터를 통해 영어를 공부하고 나면, 단순한 규칙 암기를 넘어 문법을 이해하고 자연스럽게 활용할 수 있는 능력을 갖춘 상태가 되기를 바란다. 그렇게 한다면, 시험장에서 더 이상 실수에 대한 두려움이 아닌, 영어를 정복할 자신감으로 가득 찬 자신을 발견하게 될 것이다.

시험에서 자주 틀리는 문법 유형 분석

영어 문법 문제에서 실수를 하는 이유는 문법을 잘못 이해했거나, 전체적인 문장 파악을 놓치는 경우, 혹은 시험장에서 기억이 나지 않아서 실수를 저지르는 경우 등에서 찾을 수 있다. 이번에는 학생들이 시험에서 자주 겪는 실수들을 살펴보고, 이를 어떻게 이겨나갈 수 있을지 구체적으로 알아보기로 하겠다.

많은 학생들이 특히 수식어의 잘못된 위치, 주어와 동사의 일치 문제, 대명사의 일치 문제, 관사나 명사의 복수형을 다룬 문제에서 실수를 한다. 수식어가 잘못된 위치에 있으면 문장의 의미가 완전히 바뀌어 잘못된 답을 유도하게 된다. 주어와 동사의 수가 일치하지 않으면 문법적으로 맞지 않게 되고, 관계대명사가 선행사와 맞지 않으면 문장의 흐름이 깨진다.

 이러한 문제들을 해결하기 위해서는 끊임없는 연습과 점검이 필요하다. 문장을 작성할 때마다 중요한 부분을 계속 확인하고, 특히 시험을 볼 때 긴장하지 않도록 실전 연습문제를 통해 익숙해지는 것이 중요하다. 지금부터 영어 문법 문제를 풀 때 생기는 다양한 문제의 원인들에 대해 하나씩 알아볼 것이다. 이를 통해 자주 발생하는 실수들을 하나씩 극복하며, 영어 시험에서 자신감을 갖게 되기를 바란다.

❶ 수식어의 잘못된 위치(Misplaced Modifiers)

 영어 문장에서 수식어의 잘못된 위치는 중·고등학교 영어 시험에서 자주 출제되는 문제 중 하나이다. 수식어가 잘못 배치되면 문장의 의미가 왜곡되거나 전혀 다른 뜻으로 해석될 수 있어, 학생들이 시험에서 혼란을 느낄 수 있다. 이런 실수를 피하려면 수식어의 정확한 위치를 이해하는 것이 매우 중요하다.

 "Reading the textbook, the answers seemed obvious."
 이 문장은 마치 '답들이 교과서를 읽고 있는 것'처럼 들린다. 실제 의미는 '그가 교과서를 읽었을 때 답들이 분명해 보였다.'는 것이다. 이를 올바르게 수정하면 다음과 같다.

"While he was reading the textbook, the answers seemed obvious."

이처럼 수식어가 잘못된 위치에 있으면 문장의 의미가 잘못 전달될 수 있다. 수식어가 무엇을 수식하는지 정확히 파악하고 올바르게 배치하는 연습을 하면, 시험에서의 실수를 줄이고 문장의 명확성을 높이는 데 큰 도움이 될 것이다.

❷ 주어와 동사의 일치 문제(Subject-Verb Agreement)

또한 많은 학생들이 흔히 실수하는 부분 중 하나는 '주어와 동사의 일치' 문제이다. 겉으로 보기에는 단순해 보이지만, 문장이 복잡해질수록 학생들이 주어와 동사가 일치하는지 확인하는 데 어려움을 겪곤 한다. 예를 들어, 다음 문장을 살펴보자.

"The group of students are going to the library."

이 문장에서 많은 학생들이 'students'를 주어로 착각하여 동사를 'are'로 사용하지만, 실제로 주어는 'group'이기 때문에 'is'가 맞다. 이러한 세부 사항은 영어에서 매우 중요하다. 학생들은 '주어'가 단수인지 복수인지 파악하는 것에서부터 어려움을 겪는 경우가 많다.

이 문제를 해결하려면, 문장을 나누어 주어를 정확히 파악하는 연습이 필요하다. 처음에는 주어와 동사를 맞추는 데 어려움이 있을 수 있지만, 짧은 문장을 작성하고 주어와 동사를 연결하는 예시 연습을 하다 보면 점점 정확도가 높아진다. 이러한 연습을 통해 시험에서 더 복잡한 문장도 잘 처리할 수 있게 된다.

❸ 대명사의 일치 문제(Pronoun-Antecedent Agreement)

아이러니하게도 시험을 치른 후, 가지고 온 중학생들의 시험지를 보면, 흔히 발생하는 실수가 대명사의 수 일치 문제인 경우가 많다.

예를 들어, "Each student should submit their homework." 이 문장은 학생들이 자주 혼동하는 부분이다. 문장에서는 'each student'이 단수로 취급되기 때문에, 대명사도 단수인 'his or her'로 바꿔야 한다. 하지만 'their'를 사용하는 경우가 많다. 이 문장의 경우 학생들은 소유격 대명사를 사용하기 전에 주어의 수를 반드시 파악해야 한다. 이는 문장의 정확성과 일관성을 유지하는 데 중요한 요소이다.

이러한 문제를 해결하기 위해 우리는 문장을 작성한 후, 자신이 사용한 대명사가 올바른지 점검하는 습관을 들여야 한다. 이를 통해 대명사의 수 일치 문제를 점점 줄여나가고, 시험에서 실수를 효과적으로 줄일 수 있을 것이다.

이와 같이 자주 발생하는 실수를 이해하고 하나씩 오답 노트에 적어 해결해 나가는 것이 영어 문법을 정복하는 첫걸음이다. 아직도 버리지 않은 나의 정리 노트를 학생들에게 보여주며 실수를 하지 않게 기억하도록 몇몇 에피소드를 들려주곤 한다. 시험에서 실수를 줄이고 싶다면, 위에서 설명한 실수를 피하는 방법을 잊지 말고 연습하는 것이 중요하다. 작은 습관들이 쌓여 큰 결과를 만든다. 이러한 노력은 결국 나의 영어 실력을 한층 더 높이는 데 기여할 것이다.

문법 규칙을 쉽게 기억하는 비법

영어 문법을 완벽히 외운다는 것은 많은 학생들에게 끝이 없는 암기 작업을 지속하는 막연한 일처럼 느껴질 수 있다. 그러나 방법을 조금만 바꾸면 문법 규칙을 훨씬 쉽게 이해하고 기억할 수 있다. 지금부터는 시험 준비에 도움이 되는 효과적인 암기 학습법을 소개하겠다.

❶ 연상법과 기억의 연결

문법은 규칙을 단순히 암기하는 것보다 연상법을 활용하면 기억을 강화할 수 있다. 학교 내신 시험에서 자주 출제되는 접속사와 관련된 문제를 더 쉽게 기억하기 위해 접속사의 역할을 시각적으로 연상해 보자.

접속사는 문장과 문장을 연결하여 문맥을 부드럽게 이어주며, 종류에 따라 쓰임새가 다르다.

상관접속사: 상관접속사는 두 부분을 쌍으로 연결하는 역할을 한다. 예시를 들면, "Either you study hard or you will fail."에서 'either ~ or'는 두 가지 가능성을 제시하며 연결하고 있다. 이 경우, 두 개의 다리를 양쪽에서 연결하는 모습을 머릿속에 떠올리며 'either'와 'or'가 두 다리의 기둥이 되어 서로 연결되는 장면을 상상해 보자.

종속접속사: 종속접속사는 주절과 종속절을 연결해 주는 역할을 한다. "Although it was raining, she went out."에서 'although'는 두 문장을 종속적으로 연결하여 '비가 오더라도 그녀가 외출했다.'는 상황을 설명한다. 이를 기억하기 위해 큰 우산 아래에서 비를 맞으며 누군가가 함께 걷고 있는 모습을 떠올리고, 우산이 문장을 보호하고 서로를 연결해 주는 종속접속사의 역할을 시각적으로 표현하는 것이다.

접속부사: 접속부사는 두 독립적인 문장을 부드럽게 이어주는 역할을 한다. 예를 들어, "She was tired however, she finished her homework."에서 'however'는 앞의 문장과 뒤의 문장을 논리적으로 연결해 준다. 이 규칙을 이해하기 위해 두 문장을 서로 맞물려 연결하는 퍼즐 조각을 상상해 보자. 'However'가 그 두 조각을 이어주는 다

리 역할을 한다고 생각하면 더 쉽게 기억할 수 있다.

이처럼 접속사의 역할을 시각적으로 연상하고 구체적인 이미지를 떠올리면, 학교 내신 시험에서 접속사 문제를 만났을 때 훨씬 더 쉽게 규칙을 기억하고 적용할 수 있을 것이다. 연상법을 통해 문법 규칙을 생생하게 기억하고, 시험에서도 적극적으로 활용할 수 있도록 연습해 보자.

❷ 시각화와 스토리텔링

문법 규칙을 이해하고 기억하는 데 시각화와 스토리텔링은 매우 효과적이다. 시각화는 문법 규칙을 눈앞에 생생히 그려 보며 구체적인 이미지를 떠올리는 것이고, 스토리텔링은 그 규칙을 이야기 형태로 연결해 이해하는 방법이다. 이러한 접근법은 추상적인 규칙을 더 구체적이고 생동감 있게 바꾸어 이해하기 쉽게 만든다.

중학교 2학년 내신 시험에서는 수동태 문제가 출제된다. 수동태의 개념을 이해하고 제대로 기억하기 위해 스토리텔링을 활용해 보겠다.

"The cake was baked by my mom for my birthday."

이 문장은 수동태를 사용하여 '누가 케이크를 구웠는지'에 초점을 맞추고 있다. 이 상황을 더 잘 이해하기 위해 하나의 생생한 이야기를 나눠 보자.

아이의 생일날을 상상해 보자. 학교에서 아이가 집으로 돌아왔을 때, 집안에는 맛있는 케이크 냄새가 퍼져 있다. 주방으로 가보니 어머니께서는 오븐에서 갓 구워낸 따뜻한 케이크를 꺼내고 계신다. 어머니가 손수 만든 이 케이크는 아이의 생일을 축하하기 위한 것이다. 이 장면을 머릿속에 그리면서, "The cake was baked by my mom"이라는 문장의 의미를 생각해 보자. 여기서 중요한 것은 케이크가 '어머니에 의해 만들어졌다.'는 것이다. 이 문장에서는 케이크가 주어가 되어, 그 케이크가 만들어지도록 당하는 동작을 강조한다.

이처럼 수동태는 '행동의 결과'와 '행동의 주체'를 강조하고 싶을 때 사용된다. 능동태 문장 "My mom baked the cake."는 어머니의 행동에 초점을 두고 있지만, 수동태로 바꾸면 "The cake was baked by my mom."이 되어 케이크 자체에 더 초점을 맞추게 된다. 이처럼 수동태를 사용하면 행동의 주체보다는 행동의 결과에 집중하는 효과가 있다. 어머니가 케이크를 구워주시는 장면을 구체적으로 상상함으로써 수동태의 구조와 사용 목적을 더욱 분명하게 이해할 수 있다.

이러한 시각화와 스토리텔링 기법은 단순한 문법 규칙을 현실감 있는 상황으로 전환해 이해하도록 돕기 때문에, 학교 내신 시험에서 수동태 문제를 해결하는 데 매우 유용하다. 구체적인 상황을 상상하고 이야기를 통해 규칙을 기억하면, 수동태 문제를 만났을 때 훨씬 더 자신감 있게 답할 수 있을 것이다.

❸ 게임을 통한 반복 학습

이번에는 문법 학습을 지루한 암기가 아닌, 재미있는 활동으로 바꿔보자. 중간고사나 기말고사 준비를 위해 친구들과 문법 퀴즈 대결을 해보는 것도 좋다. '틀린 문장을 고쳐라' 같은 게임을 통해 서로 경쟁하며 문제를 풀면 재미와 학습 효과를 동시에 얻을 수 있다. 예컨대, "He explained me the rules."라는 문장을 제시하고, 올바른 형태인 "He explained the rules to me."로 누가 빠르게 고치나를 겨루는 게임을 진행해 보자. 이 과정에서 'explain' 동사 뒤에 간접목적어가 바로 올 수 없다는 문법 규칙을 자연스럽게 익힐 수 있다.

또한 기출 문제나 학교에서 제공된 예제를 활용한 팀 대항 퀴즈를 통해 문법 규칙을 익히는 방법도 효과적이다. 이번 중학교 1학년 중간고사의 문제로 나왔던 "She is interested to learn about history."와 같은 문장을 내고, "She is interested in learning about history."로 고치는 연습을 하면서 전치사 사용과 동명사의 쓰임을 학습할 수 있다. 이렇게 즐겁게 공부하다 보면 자연스럽게 반복 학습이 이루어져

문법 규칙이 머릿속에 확실히 자리 잡게 된다.

실전에서 바로 쓸 수 있는 문법 응용 팁

　문법 규칙을 단순히 외우는 것만으로는 시험에서 좋은 점수를 받기 어렵다. 실제 시험에서는 이 규칙들을 문제에 맞게 적용하는 능력이 필요하다. 특히 문제의 맥락을 이해하고, 시간 관리 기술을 키우며, 문법을 다양한 상황에서 활용하는 연습이 중요하다. 지금부터 학생들이 문법을 실전에서 더 잘 활용할 수 있도록 도와줄 몇 가지 팁을 소개해 보겠다.

❶ 문제의 맥락을 파악하는 방법

　많은 학생들이 시험 문제의 요구사항을 정확히 이해하지 못해 실수를 하곤 한다. 문제의 정확한 의도를 이해하지 못하고 오답을 선택하게 되는 경우가 많다. 이를 방지하려면 문제에서 중요한 단어와 문장을 꼼꼼히 분석하는 연습이 필요하다. 예를 들어, "not", "always", "never"와 같은 핵심 단어에 밑줄을 치고, 문제를 더 작은 단위로 나누어 의미를 분석해 보자. 이러한 연습은 문제의 핵심을 명확히 파악하도록 도와준다.

또한 지문 전체를 한 번에 이해하려 하기보다는 문장을 부분별로 나눠 읽고 각 부분의 의미를 파악하는 습관을 들여야 한다. 문제 속에서 제시된 특정 조건이나 제한 사항을 정확히 이해하는 것이 중요한데, 이를 통해 문제의 의도를 명확히 파악하고 적절한 답을 고를 수 있는 힘을 기르는 데 도움이 될 것이다. 실제 시험에서도 핵심 단어와 구절에 밑줄을 치는 습관을 들이면, 문제의 요구사항을 잘못 해석하여 실수를 하는 일을 줄일 수 있다.

❷ 타이머를 사용한 문법 연습

시험에서는 제한된 시간 안에 문제를 해결해야 하기 때문에, 시간 관리 능력이 매우 중요하다. 시간을 효율적으로 사용하면서도 정확하게 문제를 푸는 능력을 키우기 위해서는 매일 15분 정도 타이머를 설정하고 빠르게 문법 문제를 푸는 연습을 해보자. 예를 들어, 10개의 문장에서 올바른 동사 형태를 고르는 연습을 제한된 시간 안에 하다 보면 문제 해결 속도와 정확도를 동시에 높일 수 있다.

타이머를 활용한 연습은 단순히 문제를 잘 맞히는 훈련을 하는 데 그치지 않고, 시험장에서 제한된 시간 내에 문제를 풀어내는 훈련이 된다는 점에서 효율적이다. 따라서 이 훈련을 하면 학생들이 시간이 부족해 문제를 다 풀지 못하는 상황을 방지할 수 있으며, 이러한 반복적인 연습은 자연스럽게 시험에 대한 불안감을 줄여 준다. 시간이 제한

된 상황에서도 냉정하게 문제를 분석하고 빠르게 답을 찾아내는 능력
은 시험 성적을 올리는 데 결정적인 역할을 할 것이기 때문이다.

❸ 글쓰기를 통한 문법 연습

문법을 제대로 익히기 위해서는 머릿속에만 저장해 두는 것이 아니
라 실제로 사용해 보는 것이 중요하다. 문법 규칙을 적용해 다양한 문
장을 만들어 보거나 짧은 글을 써 보는 것이 효과적인 방법이다. 배운
문법 규칙을 적용하여 글을 작성해 보면, 단순히 외웠던 규칙들이 실제
로 어떤 식으로 사용되는지 실질적으로 체감할 수 있다.

주어와 동사의 일치 여부를 확인하면서 문장을 작성하거나, 가정법
문장을 사용해 다양한 상황을 표현해 보자. "만약 내가 부자가 된다면,
나는 모든 사람을 도울 것이다."와 같은 문장을 작성하며 '만약 ~ 라면'
가정법의 구조를 이해할 수 있다. 또한 능동형과 수동형을 섞어 문장
을 써 보면서 각각의 차이와 적절한 사용 상황을 익혀 보자. 이러한 글
쓰기 연습을 꾸준히 하다 보면, 문법이 더 이상 암기의 영역이 아니라
실질적으로 사용할 수 있는 능력으로 자리 잡게 된다.

문법을 효과적으로 활용하려면 문제의 맥락을 정확히 파악하는 능
력, 시간의 압박 속에서도 정확하게 문제를 해결할 수 있는 시간 관리
능력, 그리고 실제로 문법을 적용해 글을 쓰는 실전 연습이 필요하다.

이러한 다양한 방법을 꾸준히 연습하면, 시험장에서 실수를 줄이고 자신감 있게 문제를 해결할 수 있는 능력을 키울 수 있을 것이다. 이 과정은 시험 점수를 올리는 것을 넘어 영어를 보다 능숙하게 사용할 수 있는 길을 열어 줄 것이다.

한국에서 영어 문법 학습에 대한 실생활 고찰

한국의 많은 학생들은 영어 문법을 배우면서 여러 가지 독특한 어려움에 직면한다. 영어와 한국어 문장 구조의 차이, 암기에만 의존하는 교육 방식, 그리고 시험 중심의 학습 문화가 그 주요 원인이다. 최근의 기사에서도 지적했듯이, 학생들은 문법 규칙을 이론적으로는 잘 이해하고 설명할 수 있지만, 정작 실생활에서 이를 자유롭게 적용하는 데 큰 어려움을 겪고 있다. 이러한 문제의 뿌리는 학교에서 채택하고 있는 암기 위주의 접근 방식에서 비롯된다.

내가 중학생들을 가르치며 겪었던 경험들도 이런 문제와 깊이 관련되어 있다. 문법 다지기 문제에서는 높은 점수를 받는 학생들이 정작 일상적인 글쓰기나 말하기에서는 같은 문법을 제대로 활용하지 못하곤 했다. 그들을 보며 깨달은 것은 단순히 규칙을 암기하는 것만으로는 부족하다는 것이었다. 학생들이 정말로 문법을 자신 있게 사용할 수 있도록 돕기 위해서는 그 규칙들을 현실에서 살아 숨 쉬는 언어로 만들어 주어야 한다는 생각이 들었다.

그래서 우리는 학습 방법을 바꾸었다. 암기에서 벗어나 실제 응용을 중심으로 하는 학습으로 방법을 전환한 것이다. 더 많은 대화 연습, 광범위한 주제에 대한 글쓰기 활동, 그리고 친구끼리 서로의 글을 읽고 피드백을 주는 활동을 도입했다. 이는 시간이 지남에 따라 학생들에게 놀라운 결과를 가져왔다. 그들은 이제 외운 문법 규칙들을 글과 말을 통해 자연스럽게 표현할 수 있게 되었다. 실생활에서의 적용은 어느새 그들의 것이 되었고, 그 과정에서 영어에 대한 자신감도 함께 커갔다.

암기를 넘어 문법을 완성하는 길

문법은 단지 시험에서 점수를 얻기 위한 도구가 아니다. 그것은 언어를 더 깊이 이해하고, 더 효과적으로 소통할 수 있는 능력을 키우는 중요한 발판이다. 학생들이 자주 실수하는 부분을 정확히 파악하고, 문법 규칙을 기억하기 쉽게 자신의 방식으로 재구성하며, 적극적으로 활용할 기회를 늘려감으로써 진정한 의미에서의 문법 마스터, 즉 '완성'에 도달할 수 있다.

시험에서의 실수는 성장의 과정이며, 이를 두려워하지 않는 것이 중요하다. "이기는 사람은 과정을 중시하고 지는 사람은 결과를 중시한다." 내가 좋아하는 말이다. 실수 속에서 배우고, 분석하고, 반복 연습을 통해 실수를 점차 줄여나갈 때, 그 속에서 진정한 배움이 일어난다. 이러한 전략을 채택하면 학생들은 시험에 대한 두려움 대신 영어를 자신 있게 마주할 수 있는 용기를 얻을 것이다.

이 글을 읽고 계신 학부모님들께 부탁드리고 싶은 것이 있다. 자녀들의 학습 과정을 지켜보며 격려와 지지를 아끼지 말아 주시고, 자녀들이 문법을 그저 암기하는 것이 아니라 자신의 말과 글 속에 자유롭게 녹여낼 수 있도록 독려해 주시기를 바란다. 우리 모두가 함께 손을 맞잡고 노력한다면, 학생들은 실수를 딛고 일어나 자신감을 쌓고, 영어를 더 즐겁게, 더 효과적으로 사용하는 기쁨을 마침내 발견하게 될 것이다.

03

영어 성적을 좌우하는 중요한 한 가지, 어휘력

영어 어휘 읽고, 기억하고, 활용하라!

영어 시험 점수는 학생과 학부모에게 종종 미스터리처럼 느껴진다. 학생들이 열심히 공부를 해도 그 노력이 성적에 온전히 반영되지 않는 경우가 많기 때문이다. 하지만 영어 시험을 분석해 보면, 성적을 좌우하는 중요한 한 가지 요소가 있다. 바로 어휘력이다.

어휘력이란?

어휘력은 단순히 많은 단어를 아는 것을 넘어서, 단어를 정확한 맥락에서 이해하고 사용할 수 있는 능력을 의미한다. 영어 시험에서는 단어의 뜻을 아는 것만으로는 부족하며, 그 단어가 문장 속에서 어떤 의미를 전달하는지 파악해야만 정확한 답을 찾을 수 있다.

❶ 독해력 향상

어휘가 풍부한 학생은 독해력이 뛰어나다. 이는 단어의 뜻을 알고, 문맥을 통해 단어가 문장에서 어떤 역할을 하는지 이해하기 때문이다.

가령, 독해 지문에서 'principal'이라는 단어가 등장했을 때, 이 단어의 뜻을 모르면 문장의 중요한 의미를 놓칠 수 있다. 그러나 'The principal of the school announced new rules.'라는 문장에서 'principal'이 '교장'이라는 뜻임을 이해하면 문장의 핵심 내용을 빠르게 파악할 수 있다. 반면, 이 단어를 모르면 독해 속도가 느려지고 전체 흐름을 오해할 가능성이 생긴다.

또 다른 예로, 시험 지문에 나오는 'intricate'라는 단어를 이해하지 못하면 'The intricate design of the machine surprised everyone.'에서 '정교한'이라는 의미를 놓쳐 문장을 제대로 이해하기 어렵다. 이런 점에서 어휘력이 독해력을 좌우하는 중요한 요소임을 알 수 있다.

❷ 문법 이해도 향상

어휘는 문법 학습에서도 매우 중요한 역할을 한다. 단어의 형태가 어떻게 변형되고, 문장에서 어떤 위치에 놓이는지를 알면 문법 규칙을 쉽게 이해할 수 있다.

이를 예로 들면, 동사 'go'는 'He goes to school every day.'와 같은 문장에서 '주어가 3인칭 단수일 때 동사에 -es를 붙인다.'는 문법 규칙을 보여준다. 이러한 변형은 단어 자체를 제대로 이해하지 못하면 쉽게 놓칠 수 있는 부분이다.

또한 특정 단어와 전치사가 함께 쓰이는 경우를 익히는 것도 중요하다. 예컨대, 'interested in', 'good at'처럼 단어와 전치사가 결합된 패턴을 학습하면 문법적으로 자연스러운 문장을 만들 수 있다. 문법 문제를 풀 때도 어휘와 관련된 패턴을 이해하고 있으면 정답을 고르는 데 큰 도움이 된다.

❸ 쓰기와 말하기 능력 강화

다양한 어휘를 알고 있으면 쓰기와 말하기에서 더 큰 자신감을 가질 수 있다. 여러 단어를 활용할 줄 알면 자신의 생각을 더욱 명확하고 세련되게 표현할 수 있다.

예를 들어, '좋다'를 영어로 표현할 때 단순히 'good'을 사용하는 대신 'excellent', 'fantastic', 'satisfactory' 같은 단어를 활용하면 문장이 훨씬 풍성해진다.

 'I feel good.'보다 'I feel ecstatic.'라는 표현을 사용하면 자신의 감정을 더욱 구체적으로 전달할 수 있다. 말하기에서도 단순하고 반복적인 표현 대신 다양한 어휘를 사용하면 더욱 유창한 인상을 남길 수 있다.

확실한 성적 향상을 위한 어휘력 학습을 하려면 어떻게 해야 할까?

 많은 학생과 학부모님들은 "정말 어휘력이 영어 성적에 큰 영향을 미치나요?"라고 묻는다. 답은 '그렇다'이다. 어휘력이 부족하면 독해, 문법, 쓰기, 듣기 등 전반적인 영역에서 어려움을 겪기 쉽기 때문이다. 어휘는 모든 영어 학습의 기초이다. 단어를 문장 속에서 얼마나 잘 활용할 수 있느냐에 따라 성적이 결정되기 때문이다. 어휘력은 영어 실력의 토대이자 성적 향상의 핵심이다.
 그렇다면 어휘력을 어떻게 효과적으로 향상시킬 수 있을까? 다음에 소개할 세 가지 방법이 확실한 성적 향상을 위한 어휘력 학습의 길잡이가 되어 줄 것이다.

맥락 속에서 단어를 공부하기

단어를 단순히 외우기만 하면 시험에서 제대로 활용하지 못하는 경우가 많다. 그 이유는 단어를 문맥 속에서 배우지 않기 때문이다. 단어를 기억하는 것만큼이나 그 단어가 문장과 상황 속에서 어떻게 사용되는지를 이해하고 응용하는 능력이 중요하다.

중학교 2학년 교과서에 나오는 'subject'라는 단어를 단순히 '과목' 또는 '주제'로 외우는 것과 "The subject of this seminar is smartphone addiction."이라는 문장에서 그 단어를 이해하는 것은 전혀 다른 학습 경험을 제공한다. 문맥 속에서 단어를 배우면 단어의 의미뿐만 아니라 사용 방식과 뉘앙스까지 파악할 수 있어, 시험에서도 자연스럽게 활용할 수 있다.

문맥 속에서 단어를 공부하면 얻을 수 있는 장점

❶ 기억에 오래 남는다.

단어를 문장 속에서 배우면 단어만 단순 암기할 때보다 오래 기억된다. 단어와 함께 그 단어가 쓰인 맥락을 이해하면 암기 능률 향상에 더욱 효과적이다.

❷ 시험에서 유용하다.

시험 문제에서 문맥을 통해 단어의 역할과 의미를 파악할 수 있도록 훈련하면 정확한 답을 고를 수 있는 확률을 높일 수 있다. 최근 학교 학습지에서도 문맥 안에서 단어를 학습하도록 고안된 학습법을 활용하여 영어 단어를 학습시킨다. 단어 리스트와 함께 예문을 제공해 출제하고 단어가 긍정적, 부정적, 중립적 의미로 쓰이는지 파악하게 돕는 방식이다. 단어만 외워 시험을 보게 할 때보다 이러한 방법으로 학습을 한 뒤, 시험을 보면 오답률을 줄일 수 있다.

❸ 실생활에서 활용 가능하다.

영어는 단순히 시험을 위해서만 공부하는 학문이 아니다. 그렇기 때문에 실생활에 얼마나 활용할 수 있는가 역시 중요한 문제이다. 문맥 속에서 영어 단어를 학습하면 실생활에서 의사소통에 자연스럽게 사용할 수 있다. 근본적인 영어 실력 향상에 중요한 발판이 되는 것이다.

자연스럽게 어휘력을 키우는 환경 만들기

학생들이 어휘를 효과적으로 학습하려면 단순 암기보다는 자연스럽게 단어를 접할 수 있는 환경을 만드는 것이 중요하다. 자녀에게 일상 속에서 어휘를 자연스럽게 익힐 수 있는 환경이 제공된다면 단어 학습의 효율성과 지속성은 동시에 올라갈 것이다. 다음은 가정에서도 어휘력을 향상시킬 수 있는 몇 가지 방법이다. 꼭 따라 해보기를 바란다.

집에서 어휘력 공부하는 법

❶ 흥미 있는 영어책 읽기

영어 독서는 어휘를 배우는 가장 자연스러운 방법 중 하나이다. 특히 아이가 관심 있는 주제의 책을 꾸준히 읽으면 자주 등장하는 단어가 반복되면서 자연스럽게 기억해 오래 남는다.

한 학부모님은 아이가 축구를 좋아한다는 것을 알고, 축구 관련 영어책 "The Soccer Mystery"를 추천했더니 아이가 흥미를 느끼며 읽었다. 그 과정에서 goalkeeper, tournament 같은 단어를 자연스럽게 익혔다. 이처럼 흥미로운 주제의 책은 아이가 단어를 배우는 즐거움을 느끼게 하는 좋은 방법이다.

학원에서도 영어 독서 공부법을 활용하여 수업을 진행한 적이 있다. 지난 여름방학 동안 학생들과 독서 미션을 하며 책 속의 단어를 뽑아 이야기하고 리스트를 작성했다. 이 방식은 단어를 이해하고 사용하는 능력을 기르는 데 큰 도움이 되었다.

❷ 영어 미디어 활용하기

영어로 된 영화나 TV 프로그램을 시청하면서 자막을 보는 것도 하나의 공부법이 될 수 있다. 자막을 통해 모르는 단어를 학습할 수 있기 때문이다. 대화 속에 자주 쓰이는 표현이나 단어를 실생활에서 자연스럽게 익힐 수 있다.

영화를 보면서 알게 된 새로운 단어를 복습하고 더빙하는 활동까지 겸하고 나면, 새로운 단어의 뜻뿐만 아니라 배운 단어의 사용법까지도 체득할 수 있다.

한 학생은 애니메이션 "Frozen"을 보면서 adventure, kingdom 같은 단어를 배웠다. 이후 배운 단어를 적고 뜻을 확인하며 자신만의 문장으로 만들어 보는 활동을 이어갔다. 이러한 방법은 배운 단어를 더욱 오래 기억하게 하고, 자연스럽게 사용하는 데 도움이 되었다.

❸ 일상 대화 속 영어 사용하기

실생활에서 영어를 사용하는 기회가 많아지면 배운 어휘를 자연스럽게 사용할 수 있는 장점이 있다. 평소에 학습한 간단한 문장을 일상 대화에 포함시키거나, 배운 단어를 활용하는 영어 단어 게임을 하는 것만으로도 영어를 더 쉽게 익힐 수 있다.

한 가정에서는 아침마다 "오늘 날씨를 영어로 설명해 보자"라는 놀이를 도입했더니, 아이가 sunny, cloudy, windy 같은 단어를 익히고 자연스럽게 활용하게 되었다.

다독, 그리고 반복 학습

❶ 다독의 효과

다독은 가능한 많은 영어 텍스트를 읽는 공부법이다. 단어장을 보고 단어를 외우는 것보다 여러 차례 텍스트를 읽으면서 문맥 속에서 단어를 이해하고 사용하는 능력을 기르는 것이 진정한 어휘력 향상의 시작이다.

하루 10분씩 영어 동화책을 읽는 습관을 들인 한 학생은 butterfly 를 새로운 이야기 속에서 다시 만났을 때 반갑게 단어를 기억해 냈다. 이처럼 반복적으로 노출된 단어는 자연스럽게 머릿속에 자리 잡는 데 도움이 된다.

❷ 반복 학습의 필요성

새로운 단어를 접한 후 반복 학습을 통해 그 단어를 기억에 고정시 키는 공부법 역시 효과적인 방법이다. 한 단어를 50번 이상 소리 내어 발음하면 머릿속에 맴돈다고 한다. 즉, 단어는 여러 번 복습해야 장기 기억으로 전환되고, 시험이나 실생활에서 자연스럽게 사용할 수 있다는 얘기다.

영어 성적을 결정하는 어휘력 공부법에 대해 정리하며

앞서 알아본 영어 단어 학습법을 통해서도 알 수 있듯이, 학생들이 단어를 효과적으로 학습하려면 무작정 암기하는 것보다 문맥 속에서 배우고 반복 학습하는 것이 중요하다. 부모님들도 아이가 꾸준히 독서하고 영어에 자연스럽게 노출되면 어휘력이 크게 향상된다는 것을 아셔야 한다.

어휘력은 영어 성적에 중요한 영향을 미친다. 중학교 시험이든, 특목고 준비이든 어휘가 탄탄해야 좋은 성적을 받을 수 있다. 이는 국어 학습에도 적용되는 이치이다. 이렇게 향상된 어휘력은 시험 점수뿐만 아니라 평생 소통과 이해의 자산이 될 것이다.

학생들은 단순히 외우기보다는 살아있는 단어를 배우는 데 집중해야 한다. 올바른 학습 전략을 사용하면 영어 성적뿐만 아니라 영어에 대한 자신감도 크게 향상되어, 영어 자세에 대한 흥미와 실력, 이렇게 두 마리 토끼를 동시에 잡을 수 있게 될 것이다.

어휘력은 영어 성적에 절대적인 영향을 미치는 핵심 요소이다. 학생들이 영어 시험에서 높은 성적을 받기 위해서는 단어를 단순히 많이 아는 것을 넘어서, 그 단어가 문장과 맥락 속에서 어떻게 사용되는지를 이해하고 활용할 수 있어야 한다.

❶ 어휘력이 독해력에 미치는 영향

어휘력이 강한 학생은 지문을 읽을 때 단어 하나에 막히지 않고, 전체 문장의 의미를 더 빠르게 파악한다. 예를 들어, 'principal'이라는 단어를 알지 못하면 글의 주된 메시지를 이해하기 어렵지만, 이 단어를 알고 있다면 글의 요지를 쉽게 파악할 수 있다.

❷ 어휘 학습의 구체적인 방법

어휘를 단순히 외우기보다는 문맥 속에서 배우는 것이 중요하다. 흥미 있는 영어책을 읽고, 영어 영화나 TV 프로그램을 시청하면서 자연스럽게 어휘를 접할 수 있는 환경을 조성하는 것이 효과적이다.

04

하루 15분 읽기 훈련으로
영어 성적이 바뀐다

몰랐던 읽기 훈련의 숨겨진 효과

짧은 시간에도 깊이 있는 독해 훈련하는 법

영어학원을 운영하면서 학생들을 가르칠 때 자주 마주하게 되는 말이 있다. "시간이 없어요." 학생들은 학업, 과외활동, 그리고 여러 가지 일상적인 일들로 바쁘다 보니, 독서나 독해 연습을 후순위로 미루는 경우가 많다. 하지만 학원에서 하루 15분만 독서, 그리고 독해 연습에 꾸준히 투자해도 영어 실력 향상에 큰 변화를 가져올 수 있다. 그래서 이 사실을 강조하며, 그 효과를 학생들에게 직접 보여주고 있다. 짧은 시간임에도 불구하고 제대로만 활용한다면 깊이 있는 독해 훈련을 충분히 할 수 있음을 학생들에게 알리고 있다.

❶ 쉬운 텍스트로 시작하기

독해 실력을 키우기 위해서는 처음부터 어려운 책을 선택하는 것이 아니라 현재 수준보다 약간 낮은 수준의 책을 선택하는 것이 중요하다. 지나치게 어려운 텍스트는 금방 흥미를 잃게 만들어 독해 훈련 자체를 포기할 가능성을 높인다. 반대로 쉬운 책을 읽으면 문장의 구조와 어휘를 자연스럽게 익히면서 자신감을 키울 수 있다.

구체적으로 말하자면, 만약 학생이 "The Secret Garden"을 읽을 때 처음에는 쉽다고 느낄 수 있다. 하지만 이 책을 읽으면서 "The garden was very quiet, and the grass looked thick and soft, as if it had been cut for a carpet."와 같은 문장을 접하게 된다. 그리고 그 문장의 흐름과 어휘를 자연스럽게 익히게 된다. 그렇게 되면 이러한 책들을 학습하는 일은 초보자가 독해 훈련을 시작하기에 좋은 선택이 된 것이다. 그렇기 때문에 처음에는 쉬운 문장 구조와 이해하기 쉬운 단어로 학습하는 것이 중요하다.

❷ 중요한 문장과 단어 표시하기

수능 독해 훈련 중에는 중요한 문장이나 단어에 표시하면서 읽는 습관을 기르는 것이 매우 효과적이다. 읽는 도중에 중요한 어휘나 문장의 흐름을 이해하는 것을 돕는 표현들에 표시하면, 글의 전반적인 구조를 쉽게 파악할 수 있다. 대표적으로 'however', 'in contrast' 같은 연결어들은 그 단어를 기점으로 내용의 전환을 가져오므로 표시해 두면 유용하다. 나중에 복습할 때는 표시된 부분만 훑어보아도 중요한 내용을 빠르게 파악할 수 있어 시간을 효율적으로 활용할 수 있다. 이러한 표시 습관은 특히 시험 준비에 큰 도움이 된다.

❸ 소리 내어 읽기

소리 내어 읽기는 독해뿐만 아니라 발음과 억양도 함께 개선할 수 있는 방법이다. 소리 내어 읽는 과정에서 학생들은 문장의 리듬과 구조를 더 명확하게 파악할 수 있다.

다음은 F. Scott Fitzgerald의 "The Great Gatsby"에서 인용한 한 구절이다.

"So we beat on, boats against the current, borne back ceaselessly into the past."

이 문장은 책의 마지막 문장으로, 주인공의 내면과 이야기를 상징적으로 마무리하는 부분이다.

이와 같은 문장을 소리 내어 읽으면, 학생들은 단어와 단어 사이의 연결 관계와 문장의 자연스러운 흐름을 파악할 수 있다. 문장의 의미를 더 깊이 이해할 수 있다는 장점도 있다. 뿐만 아니라 기억력을 향상시키는 데도 도움이 된다. 눈으로만 읽을 때보다 소리 내어 읽을 때 문장 구조와 어휘가 더 오랫동안 기억에 남는다.

❹ 다양한 글을 접하기

독해 실력을 향상시키기 위해서는 다양한 장르의 글을 읽는 것이 중요하다. 소설, 에세이, 신문 기사, 논문 등 다양한 형식의 글을 접하면서 학생들은 전개 방식, 어휘 사용법, 그리고 문장 구조를 폭넓게 익힐 수 있다. 영문학 시간에 읽었던 "Pride and Prejudice"와 같은 고전소설 작품을 읽으면, 당시의 시대적 배경도 함께 알 수 있게 되어, 독해 실력뿐만 아니라 문화적 이해도 함께 높일 수 있다. 그런가 하면 신문 기사나 에세이 등을 읽으면 현대적 표현과 시사적 어휘에 익숙해질 수 있다. 다양한 어휘와 표현에 익숙해지면 점차 더 어려운 텍스트도 자연스럽게 읽을 수 있는 능력이 길러진다.

하루 15분이라는 짧은 시간이지만, 매일 같은 시간에 독서를 습관화하면 학생들은 자연스럽게 독해 실력을 향상시킬 수 있다. 처음에는 지루하거나 어렵게 느낄 수 있지만, 꾸준히 훈련하다 보면 독해 속도와 이해력이 점차 향상되는 모습을 발견할 수 있을 것이다.

짧고 집중적인 독해 훈련을 꾸준히 진행하면 문장 해석 능력뿐만 아니라 영어 전반에서 성취도가 향상된다. 이 작은 노력이 쌓이면 결국 시험 성적에도 영향을 끼쳐 큰 변화를 가져온다.

학부모와 함께하는 독서 시간 만들기

종종 학부모님들께서 "아이와 함께 어떻게 책을 읽어야 할지 모르겠어요."라는 고민을 털어놓으신다. 부모님들도 아이의 독서가 중요하다는 것은 알지만, 바쁜 일상 속에서 시간을 내는 일은 늘 쉽지 않다.

하지만 놀라운 사실은 하루 15분의 짧은 독서 시간만으로도 아이의 독해 능력과 영어 실력에 큰 변화를 만들 수 있다는 것이다. 이 15분이 얼마나 중요한지, 여러 학부모님들의 경험을 통해 이미 드러났다. 지금부터 학부모님들의 경험담을 소개해 보려고 한다.

학부모님의 경험담

한 학부모님은 바쁜 업무로 아이와 함께하는 시간이 부족했지만, 저녁 시간에 아이와 함께 책을 읽는 습관을 만들었다. 처음에는 아이도 별로 흥미를 보이지 않았다. 그런데 시간이 지나면서 조금씩 변화가 일어났다. 매일 조금씩 이어지는 꾸준한 독서 시간이 쌓이면서, 아이는 자연스럽게 책에 담긴 이야기 속으로 몰입하게 되었고, 점차 독서를 즐거운 일로 받아들이기 시작했다.

이런 시간을 아이와 함께 가져보신 학부모님은 독서 시간이 단순한 공부가 아닌, 부모와 아이가 함께하는 특별한 시간이 되었다고 말씀하셨다. 책을 읽고 나서 "다음에 무슨 일이 일어날 것 같아?"와 같은 질문을 던지며 이야기를 나누는 과정은 아이에게 비판적 사고력을 기를 수 있는 기회가 되었기 때문이다. 이처럼 독서는 단순히 단어의 뜻을 파악하는 것을 넘어 이야기와 연결된 감정과 생각을 나누는 소통의 기회로 발전시킬 수 있는 능력을 키워 주기 때문에 긍정적이다.

또 다른 학부모님은 독서 시간을 통해 아이와의 대화가 눈에 띄게 늘었다고 하셨다. 평소에는 서로 일상적인 대화만 나누던 부모님과 아이가 책을 매개로 서로의 생각을 교환하면서 소통의 폭이 넓어졌고, 그 과정에서 아이는 자신의 의견을 더욱 분명하게 표현하게 되었다고 한다. 이 학부모님은 그러한 시간이 쌓일수록 아이와의 관계가 더 가까워졌다는 점에서 놀라운 성과였다고 전하였다.

작은 독서 습관이 어떻게 큰 변화를 가져오는가?

학부모님들이 가장 많이 궁금해하시는 부분 중 하나는 "15분이라는 짧은 시간이 정말 큰 차이를 만들 수 있을까?"라는 질문인데, 그 답은 "YES"이다. 하루 15분의 독서가 축적되면서, 그 효과는 시간이 지남에 따라 서서히 드러난다. 영어 학습의 성공은 단기적인 노력이 아니라 꾸준한 습관 형성에서 비롯된다. 매일 조금씩 책을 읽고, 아이와 대화를 나누며 독서가 일상의 일부가 될 때, 아이는 더 깊이 있는 독해 능력을 갖추게 된다.

이때 중요한 것은 일관성이다. 꾸준히 같은 시간에 독서하는 것이 핵심이다. 예를 들어, 저녁 식사 후 15분을 독서 시간으로 정하면 아이는 이 시간이 자연스럽게 일과의 일부가 되어 버린다. 또한 부모님과 함께하는 독서 시간은 학습적 효과를 넘어 감정적 유대감을 형성하는 시간이 된다는 점에서 훌륭하다.

그렇다면 어떤 책을 선택해야 할까? 너무 어려운 책을 처음부터 선택하면 아이가 금방 흥미를 잃을 수 있다. 따라서 쉬운 책부터 시작하여 점차 난이도를 높여가는 것이 좋다. 초반에는 "The Chronicles of Narnia" 시리즈와 같이 쉽게 읽히면서도 상상력을 자극하는 책을 함께 읽으면, 아이는 독서 자체를 즐기게 된다. 그 후 점차 더 어려운 문장과 주제가 포함된 책으로 넘어가면, 자연스럽게 독해력도 향상된다.

책을 다 읽고 나서 아이와의 대화가 독서의 진가를 발휘하도록 이끄는 순간이 된다는 사실 알고 있었는가. 책의 내용을 자세히 물어보는 것이 중요한 게 아니라 아이의 생각과 감정을 이끌어 내는 질문을 하는 것이 중요하다. "이 캐릭터는 왜 이렇게 행동했을까?" 또는 "네가 이 상황에 있었다면 어떻게 했을 것 같아?" 같은 질문은 아이의 생각을 자극하고, 자신의 의견을 말로 표현할 기회를 준다.

이런 대화는 책 속의 이야기에서 벗어나 아이의 성장을 도와주는 중요한 시간이 된다. 이를 통해 아이는 책에서 배운 교훈을 스스로 받아들이고, 그것을 자신의 삶에 적용하는 방법을 배우게 된다. 이처럼 독서 후의 대화는 학습에서 시작되어, 세상을 더 넓게 바라보는 기회가 된다는 점에서 긍정적인 것이다.

반복 읽기와 예측 읽기 전략의 활용법

영어 독해 실력을 키우는 두 가지 효과적인 전략, 즉 반복 읽기와 예측 읽기에 대해 이야기해 보자. 이 두 가지 전략은 독해 실력을 강화할 뿐만 아니라 시험에서도 뛰어난 성과를 거두게 할 수 있다.

❶ 반복 읽기: 문장을 완벽히 이해하는 최고의 방법

반복 읽기는 말 그대로 같은 글을 여러 번 읽는 것을 의미한다. 하지만 반복적으로 읽는 데 머무르지 않고, 의미를 깊이 파악하며 문장 구조와 어휘를 확실히 익히는 데 목적이 있다. 많은 학생들이 긴 지문을 처음 접했을 때 압도감을 느끼지만, 반복적으로 읽는 훈련을 통해 점차 자신감을 얻게 된다.

"왜 반복 읽기가 중요한가요?"라는 질문을 받는다면, 반복 읽기를 통해 중요한 어휘와 문장 구조를 자연스럽게 익히도록 할 수 있기 때문이라고 답변할 것이다. 이는 특히 시험 준비에 유용한데, 여러 번 반복해서 읽다 보면 텍스트가 가진 중요한 메시지나 정보가 명확해지고, 장기 기억으로 저장되기 때문이다. 그러니 짧은 지문이라도 여러 번 읽고 나면 긴 지문에서도 핵심 정보를 빠르게 파악할 수 있는 능력이 생기게 되는 것이다.

"The rain poured down as he ran through the dark streets, his footsteps splashing in the puddles"라는 문장을 반복해서 읽으면, 처음에는 단순히 "그가 비 내리는 거리에서 달린다."라고 해석할 수 있다. 그러나 두 번, 세 번 읽다 보면 'poured down'과 'splashing' 같은 단어들이 상황의 긴급함과 몰입감을 더 강하게 전달한다는 것을 깨닫게 된다. 이러한 반복 읽기를 통해 학생들은 문장의 뉘앙스와 감정적 요소까지 파악할 수 있게 된다.

❷ 예측 읽기: 능동적인 독해의 시작

예측 읽기는 글을 읽는 도중 다음에 무슨 내용이 나올지 예상해 보는 방법이다. 이 전략은 학생들이 문장을 따라 읽기만 하는 것에서 벗어나, 능동적으로 내용을 파악하고 이해하는 것을 돕는다는 데서 긍정적이다.

"예측 읽기가 왜 중요한가요?"라는 질문을 받는다면, 예측을 하면서 글을 읽는 것은 단순한 읽기에서 비판적 사고로 넘어가는 첫걸음 역할을 해주기 때문이라고 답변할 것이다. "이 문장 다음에는 어떤 내용이 이어질까?" 또는 "이 등장인물은 어떤 선택을 할까?"와 같은 질문을 던지며 읽으면, 학생들은 글의 전반적인 흐름을 더 잘 이해하게 되고, 이야기에 몰입하게 된다. 예측이 맞거나 틀렸을 때 그 이유를 스스로 생각하면서, 독해력과 논리적 사고를 함께 발전시킬 수 있다.

예를 들어, "It was a stormy night, and Sarah was alone in the house. Suddenly, she heard a loud noise coming from the basement."라는 문장을 읽고 나서, "그다음에 무슨 일이 일어날까?"라고 예측해 보게 한다. 학생들은 자연스럽게 이야기가 어디로 향할지 상상하게 되고, 다음 문장이 나올 때 그 예측을 비교하며 다각적으로 문장을 이해하게 된다.

반복 읽기와 예측 읽기는 서로를 보완하는 독해 전략이다. 반복 읽기를 통해 문장과 단어에 대한 다각적 이해를 경험하고, 예측 읽기로 이야기를 능동적으로 파악하게 된다. 이 두 가지 방법을 꾸준히 실천하면 학생들은 긴 지문을 읽는 데 자신감을 얻고, 시험에서도 더 나은 결과를 얻을 수 있게 된다.

영어 독해는 이해하고, 분석하며 예측하는 과정이다. 이 전략을 매일 조금씩 연습하면, 독해력과 문제 해결 능력이 자연스럽게 향상될 것이다.

반복 읽기와 예측 읽기를 통해 영어 실력을 키워본다면, 이 두 가지 전략은 우리들의 독해 능력을 한층 더 높여줄 중요한 도구가 될 것이다.

아무리 좋은 방법이라도 가장 중요한 것은 '꾸준함'이다. 따라서 하루 15분만 꾸준히 독서를 한다면, 학생들의 독해 실력은 물론 영어 성적도 눈에 띄게 향상될 것이다.

많은 학생들이 수능이나 내신 시험을 준비할 때 문제집에 의존하는 경우가 많지만, 실제로는 매일 조금씩 독서 훈련을 하는 것이 훨씬 더 효과적이다. 영어 독해 실력은 단독으로 문제를 푸는 기술이 아니라 문장을 이해하고, 글의 구조를 파악하며, 주제를 찾아내는 능력이다. 그렇기 때문에 학원에서는 이 부분을 강조하며, 매일 짧은 시간이라도 꾸준히 독서를 하는 것이 얼마나 중요한지 학생들과 학부모님들께 계속해서 전달하고 있다.

미국의 독서 교육 전문가인 바바라 모스 박사의 연구에서도 꾸준한 독서 습관이 학생들의 독해력과 학업 성취도에 얼마나 큰 영향을 미치는지 설명한다. 매일 15분씩 꾸준히 읽는 것은 시험 준비로 이뤄낸 결과 이상의 성과를 가져다준다.

05

영어 서술형 문제와 에세이, 어떻게 대비해야 할까?

서술형부터 에세이까지, 단계별 쓰기 완성법

영어 학습에서 '쓰기'는 가장 어렵고 중요한 부분 중 하나이다. 학생들이 실제로 서술형 문제나 에세이를 접하게 되면 처음에는 당황하기 쉽다. 한두 문장의 짧은 답변부터 점차 논리적이고 긴 문장을 요구하는 문제까지, 학생들에게는 큰 도전이 된다. 하지만 체계적인 단계별 학습법을 통해 누구나 성공적으로 서술형 문제를 풀고, 에세이를 작성할 수 있다.

쓰기는 짧고 명확한 문장으로 시작하는 것이 좋다. 처음부터 복잡한 문장 구조나 긴 글을 작성하려 하기보다는 하나의 문장에서 중요한 정보를 간단하게 전달하는 연습을 해야 한다. 예를 들어, 질문에 대한 답을 한두 문장으로 간결하게 서술하는 연습을 통해 기본적인 문법과 단어 사용에 익숙해질 수 있다.

기본 구조의 짧은 문장을 쓰는 데 익숙해졌다면, 이제 문장을 확장하는 연습을 해야 한다. 주어와 동사로 이루어진 단순한 문장에 부사, 형용사, 그리고 추가적인 설명을 덧붙여 길고 풍부한 문장으로 만드는 연습이 필요하다. 이 단계에서는 문장의 구조와 연결어 사용에 중점을 두며, 논리적인 흐름을 유지하는 것이 중요하다.

서술형 문제는 간단한 문장 이상의 사고력과 논리적 표현을 요구한다. 학생들은 질문에 대한 답을 체계적으로 구성하고, 자신의 의견을 명확하게 설명해야 한다. 이때 중요한 것은 답변을 한 문장으로 끝내는 것이 아니라 이유나 근거를 추가하여 구체적으로 발전시키는 것이다. 이러한 연습은 학생들이 글을 논리적으로 전개하는 능력을 키우는 데 큰 도움을 준다.

에세이를 작성하기 위해서는 단락 구성 능력이 필요하다. 단락은 하나의 주제를 중심으로 여러 문장이 연결된 작은 글의 단위이다. 각 단락은 명확한 주제문을 포함해야 하며, 그 주제문을 뒷받침하는 구체적인 예시나 설명이 따라야 한다. 이 과정에서 학생들은 각 단락의 논리적인 흐름이 유지되면서도 글 전체가 일관성 있게 연결되도록 연습해야 한다.

　마지막 단계는 에세이 작성이다. 에세이는 서론, 본론, 결론으로 나뉘며, 각 부분은 명확한 구조를 가져야 한다. 서론에서는 글의 주제와 목적을 간략하게 소개하고, 본론에서는 논점을 뒷받침하는 구체적인 내용과 예시를 제시하며, 결론에서는 전체 내용을 요약하고 마무리하는 방식으로 글을 전개한다. 학생들은 각 부분이 논리적으로 이어지도록 주의해야 하며, 특히 자신의 주장을 설득력 있게 전개하는 데 집중해야 한다.

서술형 문제에 대비한 글쓰기 기본 구조

　서술형 문제를 풀 때 중요한 것은 명확한 주제 문장을 쓰고, 그 뒤에 이를 뒷받침할 증거와 설명을 덧붙이는 것이다. 이 과정에서 가장 중요한 점은 질문의 핵심을 놓치지 않는 것이다. 학생들이 흔히 하는 실수는 너무 긴 답변을 쓰거나 핵심에서 벗어난 내용을 추가하는 것이다. 서술형 답변은 간결하고 논리적으로 작성해야 한다.

　핵심 문장 작성 연습: 서술형 답변은 3~5줄 정도가 적당하다. 먼저 주제 문장을 쓰고, 그다음에 이유나 증거를 간단하게 설명하는 연습을 해야 한다.

"The main character is brave because he helps his friends even when he is scared."처럼 먼저 주제 문장을 적고, 그다음으로 그 이유를 간단히 설명하는 방식이다.

이 예문은 주인공의 용기를 설명하는 쉬운 문장으로, 주인공이 두려워도 친구를 돕는 행동을 통해 용기 있는 성격을 보여준다는 점을 간단하게 서술하고 있다.

Q&A 방식 연습: 학생들이 질문을 받고 이에 대한 답변을 체계적으로 서술하는 능력을 기르는 데 매우 효과적이다. 학생들이 매일 다양한 질문에 답하는 연습을 통해 논리적 사고와 글쓰기 능력을 발전시킬 수 있다.

"Why does the protagonist make a specific decision in the story?"라는 질문을 받았다고 가정해 보자. 이 경우, 학생은 먼저 질문에 대한 명확한 주제 문장을 작성해야 한다. 이 주제 문장은 답변의 핵심을 간결하게 요약하며, 독자가 글의 방향을 이해할 수 있도록 한다.

다음으로는 주제 문장을 논리적인 근거와 구체적인 예시로써 뒷받

침해 주는 것이 중요하다. 이야기 쓰기를 예로 들어 설명해 보자면, 주인공의 특정 결정을 설명할 때 스토리 내에서 그 결정을 내리게 된 배경, 주인공의 감정 변화, 그리고 결말에 미친 영향을 순서대로 서술하는 연습을 한다. 이 과정에서 주제에 충실하며, 질문에 벗어나지 않도록 답변을 일관되게 유지하는 것이 핵심이다. 글 역시 이와 같은 방식으로 써야 한다.

이와 같은 연습을 통해 학생들은 질문에 답하는 것을 넘어 논리적으로 사고하고, 이를 글로 표현하는 능력을 기르게 된다.

간단한 문장에서 복잡한 문장으로 확장하는 훈련법

학생들이 문장을 더 길고 구체적으로 만드는 방법을 배우는 것은 중요한 학습 과정이다. 간단한 문장에서 시작하여, 점점 더 다양한 표현을 추가하면서 문장을 확장해 나가는 연습은 특히 서술형 문제를 잘 풀수 있도록 도와준다. 이제 기본 문장을 "클레어 선생님"에 관한 내용으로 바꿔, 문장이 어떻게 차근차근 확장될 수 있는지 예를 통해 설명해 보자.

📝 예시 문장 확장하기: "Ms. Claire is kind"

1단계: 기본 문장

기본 문장: "Ms. Claire is kind."

이 문장은 클레어 선생님이 친절하다는 아주 간단한 기본 내용만 담고 있다.

2단계: 구체적 묘사 추가하기

확장된 문장: "The tall Ms. Claire is kind."

여기서는 'tall'이라는 단어를 넣어 클레어 선생님의 키가 크다는 정보를 추가했다. 이처럼 간단하게 형용사 하나만 더해도 클레어 선생님의 외모를 조금 더 잘 묘사하여, 더 잘 상상할 수 있게 된다.

3단계: 더 많은 연결고리 정보 추가하기

확장된 문장: "The tall, cheerful Ms. Claire is kind."

이번에는 'cheerful(활기찬)'이라는 모습을 상상할 수 있는 표현을 추가해 더 구체적인 이미지를 떠올리게 만들어 보자. 이제 학생들은 클레어 선생님이 친절할 뿐만 아니라 활기차다는 인상과 분위기까지 상상할 수 있다.

4단계: 클레어 선생님의 성격 추가하기

확장된 문장: "The tall, cheerful Ms. Claire is not only kind but also very patient."

이 문장에서는 'patient'라는 단어로 클레어 선생님이 참을성이 많다는 성격적인 특징을 더했다.

5단계: 클레어 선생님의 행동 추가하기

확장된 문장: "The tall, cheerful Ms. Claire is not only kind but also very patient, always taking the time to explain things clearly to every student."

마지막으로 모든 학생에게 이해할 때까지 친절하게 설명해 주신다는 행동을 넣어, 선생님이 어떻게 학생들을 대하는지까지 더욱 생생하게 표현했다. 이제 학생들은 클레어 선생님의 외모와 성격, 그리고 학생들과 소통하는 모습까지 구체적으로 상상할 수 있다.

확장 연습의 중요한 포인트

문장을 확장할 때는 불필요한 정보를 추가하지 않으면서, 내용이 자연스럽게 이어지도록 하는 것이 중요하다. 형용사, 부사 그리고 연결 고리를 잘 활용해 나가면 각 문장을 자연스럽게 확장할 수 있다. 이 연습을 통해 학생들은 단순한 문장에서 출발해 구체적이고 풍부한 문장을 만드는 방법을 배우게 되며, 나아가 서술형 문제에서도 더 논리적이고 매끄럽게 답변할 수 있게 된다.

에세이 작성: 계획, 초고, 수정의 3단계 프로세스

에세이 작성의 기본 과정인 계획하기, 초고 쓰기, 수정하기를 설명해 보자. 주제는 노벨문학상 수상자인 한강 작가이다. 한강 작가는 한국 작가로서 우리나라의 문학적 깊이와 아름다움을 세계에 널리 알린 분이므로, 에세이의 주제로 다루기에 적합하다.

❶ **계획하기 단계에서는 글의 주제를 선택하고 어떤 내용을 쓸 지 생각을 정리한다. 이번에는 노벨문학상 수상자 한강 작가를 존경하는 인물로 선택해 보자.**

존경의 이유 떠올리기: 한강 작가를 존경하는 이유를 생각해 본다. 예를 들어, "한강 작가는 '채식주의자'를 통해 한국 문학의 깊이와 예술성을 세계에 알린 분이라 존경한다."는 내용을 이유로 떠올릴 수 있다. 이제 떠올린 이유를 중심으로 글에서 설명할 계획을 세우면 된다.

글의 흐름 정리하기: 서론에서는 '왜 한강 작가를 존경하게 되었는지'를 간단히 소개하고, 본론에서는 한강 작가가 문학을 통해 표현한 한국

의 문화, 인간의 내면을 탐구한 내용, 그리고 그녀의 문학이 전 세계적으로 받은 평가에 대해 자세히 설명할 수 있다. 결론에서는 '한강 작가의 작품을 통해 배우고 싶은 점'에 대해 정리할 수 있다.

이렇게 글의 큰 틀을 계획해 두면, 실제로 글을 쓸 때 훨씬 더 수월하게 진행할 수 있다.

❷ 초고 쓰기: 생각을 자유롭게 풀어내기

초고 쓰기 단계에서는 계획한 내용을 바탕으로 자유롭게 글을 써 내려가는 것이 중요하다. 완벽하지 않아도 괜찮으니, 떠오르는 대로 써 보자.

예시 초고

서론: "나는 글을 통해 인간의 깊은 감정을 표현하고, 전 세계 사람들에게 감동을 준 작가들을 존경한다. 그중에서도 한강 작가는 나에게 특별한 감동을 주는 분이다. 그녀는 한국 작가로서 우리나라의 문학적 깊이와 아름다움을 세계에 알리며 큰 영향을 끼쳤다."

본론: "한강 작가의 '채식주의자'는 인간의 본성과 고통을 깊이 있게 다루고 있다. 이 작품은 독자들에게 자신과 세상을 되돌아보게 하며

큰 울림을 주었다."

결론: "한강 작가의 작품을 통해 나는 인간 내면을 진실하게 바라보고 삶의 아름다움과 고통을 담담히 받아들이는 태도를 배우고 싶다. 앞으로 나도 글을 통해 사람들에게 감동을 줄 수 있는 작가가 되고 싶다."

초고 단계에서는 문장이 매끄럽지 않아도 괜찮다. 큰 흐름과 생각을 자유롭게 쓰면서 글의 뼈대를 만들어 가는 것이 중요하다.

❸ 수정하기: 글을 읽고 다듬기

초고가 완성되면, 이제 수정하기 단계에서 글을 자연스럽고 매끄럽게 다듬는다. 글의 흐름이 자연스러운지, 설명이 부족한 부분은 없는지 확인하면서 다듬어 본다.

문장 다듬기: 예를 들어, "한강 작가는 '채식주의자'를 썼다."라는 문장을 "한강 작가는 '채식주의자'를 통해 한국 문학의 깊이와 인간 내면의 복잡함을 전 세계에 전달했다."처럼 좀 더 구체적이고 감동적인 문장으로 다듬어 볼 수 있다.

반복 줄이기: 같은 내용이 반복되는 부분은 간결하게 줄여서 글이 지

루하지 않도록 한다.

문법과 맞춤법 확인하기: 맞춤법과 띄어쓰기를 확인해 글을 깔끔하고 읽기 쉽게 다듬어 준다.

이렇게 계획하기, 초고 쓰기, 수정하기 세 단계를 차례로 거치면, 처음보다 훨씬 더 완성도 높은 글이 만들어진다. 각 단계를 즐기면서 차근차근 발전해 가는 글을 경험해 보자.

❹ 한국과 미국의 에세이 교육 비교

미국의 학교에서는 초등학교 고학년부터 논리적인 글쓰기가 필수 교육 과정으로 자리 잡고 있다. 특히 에세이를 통해 자신의 생각을 설득력 있게 표현하고, 이를 통해 비판적 사고력을 기르는 데 중점을 둔다. 반면, 한국의 학교에서는 서술형 문제를 통해 기본적인 글쓰기 능력을 평가하지만, 창의적이거나 논리적인 사고를 요하는 에세이 쓰기는 상대적으로 덜 강조된다.

How to Write an Essay

Introduction

- Hook: A short, engaging sentence to grab the reader's attention.

- **Background Information:** Brief context about the topic to set the stage.

- **Thesis Statement:** A clear statement of your main argument or point.

Body Paragraphs

First Paragraph

- **First Point:** Introduce your first main idea.

  - **1st Evidence:** Provide the first piece of evidence supporting your point.

  - **2nd Evidence:** Provide the second piece of evidence supporting your point.

Second Paragraph

- **Second Point:** Introduce your second main idea.

  - **1st Evidence:** Provide the first piece of evidence supporting your point.

  - **2nd Evidence:** Provide the second piece of evidence supporting your point.

Third Paragraph

- **Third Point:** Introduce your third main idea.

  - **1st Evidence:** Provide the first piece of evidence supporting your point.

- 2nd Evidence: Provide the second piece of evidence supporting your point.

Conclusion

- Summary/Synthesis: Recap the main points discussed in the essay.
- Importance of the Topic: Explain why the topic matters.
- Emphasized/Strong Closing Statement: End with a memorable statement that reinforces your thesis.

그러나 최근 한국의 교육 환경에서도 서술형 평가의 비중이 커지고 있으며, 특히 자사고나 특목고를 준비하는 학생들에게 에세이 작성 능력이 중요해지고 있다. 이러한 변화는 대학 입시에서도 에세이와 논술의 비중이 높아지면서 더욱 두드러지고 있다.

학부모와 학생을 위한 매일 쓰기 훈련법

서술형 문제나 에세이를 잘 쓰기 위해서는 무엇보다 꾸준한 훈련을 해야 한다. 하루아침에 실력을 쌓는 것은 불가능하므로, 학생들이 일상 속에서 짧게나마 글쓰기를 실천할 수 있도록 학부모님들의 도움이 필요하다.

일일 쓰기 연습: 학생이 하루에 짧은 시간이라도 자신이 경험한 것, 배운 것에 대해 간단히 적어보는 훈련을 하면 글쓰기에 익숙해질 수 있다. 예를 들어, "오늘 수업에서 가장 흥미로웠던 내용은 무엇인가?"와 같은 간단한 질문에 대한 답을 매일 작성하게 하면 좋다. 이러한 작은 노력들이 모여 결국에는 긴 에세이로 확장될 수 있다.

가족과의 토론: 학부모님들께서는 자녀와 함께 그날 배운 주제나 사회적 이슈에 대해 이야기를 나누고, 이를 글로 표현하게끔 도와줄 수 있다. 예를 들어, 최근 뉴스를 보고 그에 대한 자신의 생각을 적어보게 하는 것도 좋은 훈련법이다.

긍정적 피드백: 학생이 쓴 글에 대해 긍정적인 피드백을 주는 것이 매우 중요하다. 실수를 지적하기보다는 잘한 부분을 칭찬하고, 더 나은 표현이나 아이디어를 함께 찾아가는 방식으로 학생들의 자신감을 높여주어야 한다.

나가면서

　다섯 번째 장에서는 영어 서술형 문제와 에세이 쓰기에 대해 다루었다. 쓰기 능력은 학생들이 영어 학습에서 가장 힘들어하는 부분이지만, 체계적인 훈련을 통해 충분히 발전시킬 수 있다. 서술형 문제는 논리적인 사고와 간결한 표현을 요구하고, 에세이는 깊이 있는 사고와 창의적인 표현을 필요로 한다. 이러한 능력들은 하루아침에 얻어지지 않지만, 꾸준한 연습과 피드백을 통해 발전할 수 있다.

06

우리 아이 맞춤형
영어 학습법은 따로 있다

개성에 맞춘 맞춤형 PT 영어 학습법

세상에 똑같은 아이는 없다: 개별 맞춤 수업의 중요성

모든 아이의 학습 속도, 성향, 흥미, 강점, 약점은 저마다 달라서 획일적인 수업 방식으로는 각자의 잠재력을 최대한 이끌어내기 어렵다. 그런 맥락에서 개별 맞춤 수업은 학생 한 명 한 명의 개성을 존중하고, 그들의 필요에 맞춘 학습 방법을 제공하기 때문에, 아이들이 수업을 잘 따라가도록 돕는 효과적인 교육 방식이다.

일반적인 교육 시스템에서는 모든 학생이 같은 진도를 따라가도록 요구한다. 그러나 현실에서는 아이들마다 학습 속도와 이해력에 차이가 난다. 어떤 아이는 빠르게 개념을 이해하는 반면, 또 다른 아이는 시간이 필요하다. 이렇듯 개개인의 차이를 무시한 채 수업을 진행하면, 뒤처지는 아이들이 생기기 마련이다. 따라서 세상에 똑같은 아이는 없다는 사실을 인정하고, 각 학생이 자신의 속도에 맞춰 배울 수 있는 시스템을 만들어 학습시키는 개별 맞춤 수업의 방향성이 필요하다.

게다가 개별 맞춤 수업은 학생들이 학습에서 느끼는 스트레스를 줄여주고, 학습에 대한 자신감을 높여준다. 자신의 속도에 맞춘 학습은 성취감을 주기 때문에, 아이들은 자연스럽게 더 적극적으로 공부에 임하게 되는 효과가 있다.

지금부터는 효과적인 영어 학습을 위한 개별 맞춤 수업의 방향성에 대해 소개해 보겠다. 이번 장에서는 학생들의 다양한 학습 유형과 학습 동기를 분석하여 각자의 상황에 가장 적합한 학습 전략을 제안하고자 한다. 또한 학습자 스스로 자신의 강점과 약점을 파악하고 이를 기반으로 효율적으로 학습할 수 있는 방법을 구체적으로 설명할 것이다.

아이의 성향을 파악하고 학습 스타일 맞추기

학생의 성향을 파악하는 것은 효과적인 교육을 위한 첫걸음이자 가장 중요한 지점이다. 학생들은 저마다 다른 학습 스타일을 가지고 있기 때문에, 이를 이해하고 맞춤형 학습 방법을 적용하는 것이 필요하다. 학생의 학습 성향을 파악하기 위해서는 교사나 부모가 학생을 세심하게 관찰하고, 어떤 방식의 학습에 더 흥미를 느끼고 어려움을 겪는지 분석하는 과정이 선행되어야 한다. 이 과정을 통해 학생에게 가장 적합한 학습 방법을 찾아낼 수 있다.

학생들이 각자의 개성을 가진 것은 사실이지만, 특징별로 크게 세 가지 유형으로 나눌 수 있다.

❶ 시각적 학습자(Visual Learner)

시각적 학습자 유형의 경우 시각적인 자료를 통해 정보를 잘 습득하는 특징을 가진다. 차트, 그림, 그래프, 도표와 같은 시각적 자료가 이들의 학습을 돕는다. 특히 영어 학습에서는 이미지나 마인드맵을 활용한 학습법이 학생들에게 매우 유용하다. 예를 들어, 단어를 외울 때 이미지를 포함한 플래시카드를 사용하거나, 중요한 개념을 시각적으로 나타낸 노트 작성법을 활용해 학습 지도를 하는 것이 이들에게 적합하다. 게다가 학습 내용을 시각적으로 구조화하는 방법은 배운 내용을 기억하게 만드는 데 도움이 된다.

❷ 청각적 학습자(Auditory Learner)

청각적 학습자 유형의 학생은 소리를 통해 학습하는 것을 선호한다. 강의나 오디오북, 팟캐스트 등 청각적 자료가 이들의 학습 효율을 높여준다. 영어를 학습할 때는 노래를 듣거나, 영어 대화를 녹음하여 반복해서 듣는 방식이 이들에게 매우 유용하다. 또한 친구나 교사와 함께 대화하면서 언어를 익히거나, 자신의 발음을 직접 녹음해 들으며 고치는 방식도 청각적 학습자에게는 큰 도움을 줄 수 있다.

❸ 운동적 학습자(Kinesthetic Learner)

운동적 학습자 유형 학생은 신체 활동을 통해 학습하는 것을 선호한다. 직접 손으로 쓰거나 몸을 움직이며 배우는 방식이 가장 적합하다. 운동적 학습자는 단순히 책상에 앉아 배우기보다는 실험, 게임, 역할 놀이 등을 통해 학습하는 것이 더 효과적이다. 예를 들어, 영어 단어를 외울 때 단순히 눈으로 읽기보다는 손으로 쓰며 외우거나, 신체적인 활동과 연결된 학습 도구를 사용하면 효과적이다.

이 외에도 혼자 학습하는 것을 선호하는 경우, 다른 사람들과 함께 공부할 때 더 잘 배우는 경우 등 학생마다 다양한 성향이 있다. 학습 성향을 무시하고 모든 학생에게 동일한 방식의 수업을 강요할 경우, 일부 학생들은 학습에 어려움을 겪고 동기 부여나 집중력을 잃게 될 가능성이 크다. 따라서 학생의 개별 성향에 맞춘 맞춤형 교육 방식은 필수적이다.

따라서 학생의 학습 성향을 파악하고, 이를 바탕으로 각기 다른 스타일의 학습 전략을 제시하는 것이 학습 성과를 높이는 핵심이다.

학습 동기 부여를 위한 맞춤형 Personal Teaching 학습

맞춤형 학습은 학생의 개성과 필요를 고려하여 개별적으로 진행되는 PT 학습 방법이다. 이 방법은 아이들이 자신의 방식대로 배우고 성취할 수 있는 기회를 주기 때문에, 학습에 대한 흥미와 동기를 크게 높일 수 있다. 맞춤형 학습을 통해 아이들이 공부를 즐겁게 할 수 있도록 한다는 점에서 긍정적이다.

다음은 학습 동기를 올리는 맞춤형 학습이 어떨 때 더 좋은 성과를 낼 수 있는지 그 방법들을 알아보겠다.

❶ 학생의 학습 스타일

대부분의 학생은 배우는 방법이 각기 다르다. 어떤 학생은 그림이나 영상을 보면서 배우는 게 더 효과적이고, 어떤 학생은 듣는 것이 효과적이다. 또 어떤 학생은 직접 해보는 게 더 좋을 수 있다. 학생이 어떤 방식으로 배울 때 가장 흥미를 느끼는지 파악하고, 그에 맞춰 수업을 하면 학습을 더 재미있다고 느끼기 때문에 학습 동기 부여가 더 잘 된다.

❷ 분명한 목표

학생들이 스스로의 목표를 정확히 인지하고 나서 공부를 하면 공부하는 이유를 쉽게 이해할 수 있다. 목표는 거창하고 크지 않아도 된다. 예를 들어, "이번 주에 새로운 단어 10개를 외우자!" 같은 작은 목표도 도움이 된다. 이런 작은 목표를 하나씩 달성할 때마다 성취감을 느끼게 되고, 작은 목표를 달성하는 것이 모여 큰 목표를 달성하게 된다. 그렇게 되면 더 열심히 공부하려는 마음이 저절로 생긴다. 학습 동기 부여에 중요한 요소 중 하나는 '성공을 경험하는 것'이기 때문이다.

❸ 좋아하는 것을 학습에 반영

학생이 흥미를 느끼는 주제를 공부에 연결해 보자. 스포츠에 관심이 많은 학생에게는 스포츠와 관련된 영어 자료를 제시문으로 사용하거나, 좋아하는 게임을 주제로 수업을 진행해 보자는 것이다. 이렇듯 좋아하는 주제를 통해 배우면, 자연스럽게 더 열정적으로 공부하게 되는 결과를 기대해 볼 수 있다.

❹ 자기 주도적인 학습 기회

아이가 스스로 공부할 수 있는 기회를 주는 것도 동기부여에서는 중요한 부분이다. 아이가 직접 학습 계획을 세우고 스스로 해내는 경험을 하게 하면, 학습에 대한 책임감과 주인의식이 커진다. 스스로 계획한 것을 이루면, 더 큰 만족감과 동기를 느끼게 되기 때문이다.

❺ 즉각적인 피드백과 칭찬

아이가 조금씩 성취하는 순간마다 바로 칭찬해 주는 것도 동기부여에 한몫을 한다.

"이것 참 잘 해냈구나!"라는 칭찬은 아이에게 자신감을 준다. 작은 성취가 쌓이면서 더 큰 목표도 해낼 수 있다는 믿음을 심어 주고, 계속해서 공부에 집중할 수 있는 힘을 실어준다.

❻ 아이의 속도

대부분의 아이들은 배우는 속도가 각기 다르다. 너무 빠르게 진도를 나가면 따라가기 힘들고, 너무 느리면 지루해할 수 있다. 따라서 아이가 따라가기 편안한 속도로 공부할 수 있도록 학습 환경을 만들어 주면, 스트레스를 덜 느끼고 더 집중해서 학습할 수 있다.

❼ 개인별로 보상

아이가 목표를 달성했을 때, 그 성과를 인정하고 보상하는 것도 동기부여에 좋다. 칭찬도 좋지만, 아이가 좋아하는 특별한 활동이나 작은 선물을 해주는 것도 좋은 보상이 될 수 있다. 보상이 있으면 아이는 더 열심히 하려고 노력하게 된다.

창의적인 학습 자료 활용으로 재미와 성취감 높이기

영어 수업을 지루하게 느끼는 학생들이 많다. 하지만 영어는 교과서 내에서만 머물러 학습해야 하는 언어가 아니다. 우리가 세상과 소통할 수 있는 강력한 도구이다. 그렇기 때문에 학생들이 영어를 실생활 속에서 자연스럽고 재미있게 체험할 수 있도록 도와준다면 그 과정에서 성취감과 즐거움도 함께 얻을 수 있다. 영어를 공부로만 바라보는 것이 아니라 나만의 경험과 연결되는 살아 있는 소통 매체로 만들어 보도록 이끌어 주는 것이 중요하다.

아래 학생들의 사례는 창의적 학습 자료를 사용하여 영어 학습을 유도한 경우들이다. 이것들이 얼마나 도움이 되는가 알아보도록 하자.

❶ 영어 일기 쓰기를 통한 자신감 향상
고등학생 정환이는 영어 일기 쓰기를 시작하면서 자신의 감정을 영어로 표현하는 연습을 했다. 처음에는 단어 선택부터도 어려웠지만, 매일 꾸준히 쓰다 보니 영어 문장이 점점 자연스러워졌다. 이 과정에서 영어에 대한 자신감이 붙었고, 시험에서도 문법과 어휘 실력이 향상되었다. 영어를 공부가 아닌, 자신만의 이야기로 느끼기 시작한 것이 가장 큰 변화였다.

❷ 애니메이션 시청을 통한 듣기 실력 향상

중학교 2학년인 지우는 영어 공부에 흥미를 잃었지만, 좋아하는 애니메이션을 영어 자막과 함께 보면서 영어에 익숙해졌다. 처음에는 내용 해석을 할 때 자막에 많이 의지했지만, 점차 대사만으로 내용을 이해하게 되었고, 듣기 실력과 발음도 눈에 띄게 향상되었다. 이제는 친구들과 영어 대사를 활용하여 영어로 장난을 칠 만큼 영어를 즐기게 되었다.

❸ 소리 내어 읽기 연습으로 발표력 향상

고등학생 가연이는 영어 소설을 읽다가 마음에 드는 문장을 소리 내어 반복해서 읽는 습관을 들였다. 소설 속 대사를 따라 하면서 발음을 교정하고 억양을 익히다 보니, 영어로 발표하는 것에 대한 자신감도 저절로 생겼다. 특히 영어로 말할 때 발음에 대한 두려움을 가졌었는데, 이제 친구들 앞에서 발표하는 것이 즐거울 만큼 가연이는 실력이 늘었다.

❹ 온라인 게임에서 영어를 사용해 보는 실생활 영어 사용 경험

중학교 3학년 소영이는 해외 친구들과 온라인 게임을 하면서 자연스럽게 영어로 소통하게 되었다. 게임을 할 때 채팅을 하면서 실생활에서 자주 쓰이는 영어 표현을 익혔고, 영어 회화에 대한 두려움이 점차 사라졌다. 영어가 단순히 시험을 위한 공부가 아니라 친구들과 소통하는 도구로 바뀌면서 영어에 대한 흥미도 크게 늘었다.

❺ 단어 게임으로 재미있게 영어 단어 암기

초등학생 서아는 영어 단어 게임을 즐기면서 매일 30분씩 영어 공부를 했다. 게임을 통해 자연스럽게 단어를 외우니, 학교에서 보는 단어 시험도 좋은 성적을 유지했다. 영어 단어 외우기가 학습이 아니라 놀이처럼 느껴져 영어 공부에 대한 부담이 줄어들었고, 영어에 대한 흥미도 점차 높아졌기 때문에 나온 결과였다.

아이들이 공부에 흥미를 잃을까 걱정이 된다면, 전통적인 학습 방법을 넘어 관심사에 맞춘 창의적인 학습 도구들을 적극적으로 활용해 보기를 권장한다. 요즘 웹툰, 유튜브, 온라인 게임 같은 매체는 단순한 오락거리가 아니라 올바르게 활용하면 강력한 학습 도구로 활용할 수 있다. 초등학생 서아가 단어 게임을 통해 영어 단어를 자연스럽게 익히고, 중학생 소영이가 게임을 통해 실생활 영어를 재미있게 배웠듯이, 아이가 좋아하는 방식으로 학습의 즐거움을 찾는다면 성과는 놀라울 만큼 높아질 것이다.

영어 학습 효율성 높이기를 위한 제언

종합해 보면, 영어 학습에 효율성을 높이기 위해서는 각자의 성향과 학습 스타일을 존중하며, 자신에게 딱 맞는 방법을 찾는 것이 중요하다. 거기에다가 창의적이고 흥미로운 학습 자료를 사용하면 공부가 덜 지루해지고, 성취감도 더 크게 느낄 수 있다. 이렇게 꾸준히 학습하다 보면, 영어에 대한 자신감이 커지고 스스로도 "나도 할 수 있구나!" 하는 생각을 하게 될 것이다.

중학교 입학 전 영어 준비, 이렇게 하면 완벽 대비

중학교 진학을 위한 필수 영어 학습 루틴

중학교 영어 학습 루틴은 중등 영어 수업에 성공적으로 적응하는 데 필수적인 기초가 된다. 초등 영어에 비해 중등 영어는 난이도가 크게 높아지며, 이로 인해 많은 학생들이 혼란을 겪거나 자신감을 잃는 경우가 많다. 이를 예방하기 위해서는 체계적이고 일관된 학습 습관을 통해 영어에 대한 안정감과 실력을 동시에 쌓아야 한다. 꾸준한 학습으로 준비된 학생은 중학교 영어의 도전에 당당히 맞설 수 있고, 더 나아가 영어 실력을 확실히 다질 수 있다.

중학교 입학 전에 지금부터 소개할 몇 가지 루틴을 꾸준히 실천하면, 중학교 영어 수업에 자연스럽게 적응할 수 있을 뿐만 아니라 영어 실력도 놀라울 만큼 빠르게 향상될 것이다.

매일 영어에 노출되기

영어 실력을 키우기 위해서는 하루에 15분에서 30분씩 꾸준히 영어에 노출되는 시간을 확보하는 것이 중요하다. 시간을 정해 듣기, 읽기, 말하기, 쓰기 영역을 고르게 학습하면, 영어 실력을 균형 있게 향상시킬 수 있다. 예를 들어, 월요일에는 듣기, 화요일에는 말하기, 수요일에는 읽기, 목요일에는 쓰기와 같이 각 영역을 주기적으로 학습하는 방식이 특히 도움이 된다.

장점: 매일 영어에 꾸준히 노출하면 언어에 대한 친숙함이 생기고, 짧은 학습으로도 실력을 향상시킬 수 있다. 모든 영역을 고르게 학습하며 균형 잡힌 실력을 키울 수 있고, 자기주도 학습 능력도 함께 강화한다.

단점: 매일 꾸준히 시간을 내는 것이 어려울 수 있고, 특정 영역에 흥미가 부족하면 지루해질 가능성이 있다.

영어 노트 작성하기

학습한 내용을 기록하고 정리하는 습관은 매우 중요한데, 특히 중학교에서 다루는 단어나 문법은 더 복잡하기 때문에, 이것이 정리된 노트는 꼭 필요하다. 새로운 단어나 표현, 문법을 정리하여 나만의 영어 노트를 만들어 두면 복습할 때 매우 유용하다. 노트를 작성할 때 중요한 점은 단순히 필기만 하는 것이 아니라 학습한 내용을 스스로 활용하여 예문을 만들어 적어 보는 것이 실질적인 실력 향상 효과를 극대화하는 방법이다.

장점: 정리하는 과정에서 더 깊이 있는 학습이 이루어지며, 복습할 때 도움이 된다. 또한 글로 작성하면서 머릿속에 더 오래 남는다는 연구 결과도 있다.

단점: 노트를 정리하는 데 예상보다 많은 시간이 소요될 수 있고, 꾸준히 관리하지 않으면 점점 활용도가 낮아질 수 있다.

다양한 영어 자료 활용하기

영어 드라마나 애니메이션 더빙, 영어책 등을 활용하면 재미있게 영어를 학습할 수 있다. 특히 애니메이션이나 드라마는 상황별 적절한 표현을 배울 수 있어 생활 영어 학습에 큰 도움이 된다. 이와 같이 다양한 자료를 활용하면 영어에 대한 흥미를 떨어뜨리지 않을 수 있고, 자연스럽게 어휘와 표현도 습득할 수 있다. 그러나 이러한 방법은 학습적인 접근보다는 재미를 느끼게 해주는 측면의 기능이 강하기 때문에, 이 방법으로 학습 효과를 극대화하려면 목표를 설정하고 학습을 해보는 시도가 필요하다.

장점: 영어 드라마, 애니메이션 더빙, 영어책을 활용하면 흥미를 유지하며, 상황별 표현과 어휘를 자연스럽게 익혀 생활 영어 실력을 키운다.

단점: 흥미 위주의 학습에 치우칠 수 있고, 학습적인 접근이 부족할 경우 깊이 있는 영어 실력을 키우는 데 한계가 있을 수 있다.

사례: 타임에듀 진환이의 성공적인 학습 루틴

예비 중학생 진환이는 하루 중 매일 30분씩 영어 학습 시간을 정해 듣기, 읽기, 쓰기, 말하기 4대 영역을 번갈아 가며 공부했다. 월요일부터 목요일까지 각 영역을 집중적으로 학습한 덕분에 균형 잡힌 영어 실력을 키울 수 있었다. 또한 자신만의 영어 노트를 만들어 그날 배운 단어와 표현을 정리했고, 주말에는 영어 애니메이션을 시청하며 배운 표현들을 자연스럽게 복습했다. 이런 루틴을 통해 진환이는 중학교 영어 수업에 더 쉽게 적응할 수 있었다. 더불어 영어에 대한 자신감도 크게 향상되었다.

진환이의 사례처럼, 자신에게 맞는 루틴을 통해 꾸준히 학습한다면 중학교 영어에 철저히 대비할 수 있다.

앞서 중학교 입학 전에 해보면 중학 영어가 수월해지는 학습 루틴을 알아보았는데, 여기에서 더 나아가 중학 영어 학습을 위해 알아두어야 할 필수 요소들에 대해 소개해 보겠다.

❶ 초등에서 중학교로 넘어가는 영어 수준의 차이 이해하기

초등학교에서 중학교로 넘어가는 과정에서 학생들이 가장 크게 느끼는 변화 중 하나는 영어 난이도의 급격한 상승이다. 초등학교 시절에는 비교적 짧고 단순한 문장과 기본적인 어휘에 집중하며, 기초적인 문법 규칙을 학습하는 수준의 영어를 공부한다. 하지만 중학교에 진학하면서부터는 훨씬 더 복잡한 문장 구조와 확장된 어휘, 그리고 심화된 문법 개념들이 요구된다. 이러한 변화는 학생들이 중학교 영어를 따라가기 위해 더 많은 시간과 노력을 필요로 하게 만든다. 이는 경우에 따라 영어에 대한 부담감이 커질 수 있게 만든 요소가 되기도 한다.

초등학교 때 지후는 영어를 매우 즐겁게 배웠다. 게임, 노래, 간단한 대화 연습을 통해 자연스럽게 영어에 익숙해진 덕분에 학습 과정에서 큰 부담을 느끼지 않았다. 하지만 중학교에 진학하면서 상황이 달라졌다. 중학교 영어 수업은 시험 유형에 맞춘 학습과 복잡한 문법 규칙을 집중적으로 다루기 시작했고, 지후는 낯선 학습 방식에 적응하기 어려웠다. 긴 독해 지문과 복잡한 문법을 이해하고 암기하는 과정이 지후에게 큰 부담으로 다가왔다.

특히 중학교 영어 시험에서는 단순한 암기로는 해결되지 않는 문법 문제들이 출제되었고, 지문을 분석하는 데 시간이 많이 걸려 영어에 대한 흥미를 점차 잃게 되었다. 영어는 지후에게 더 이상 즐거운 과목이 아니라 성적을 내기 위한 부담스러운 과목으로 바뀐 것이다. 이렇게 되면서 지후는 영어에 대한 자신감도 저하되었다.

지후의 학습법 변화

지후는 이러한 어려움을 극복하기 위해 새로운 학습 전략을 세우기 시작했다. 문법을 단순 암기하는 것에서 벗어나 실제 문장에 적용해 보며 이해도를 높였고, 독해를 할 때는 단어보다는 문맥과 흐름을 파악하는 연습을 했다. 또한 시험에 자주 등장하는 유형을 분석하고, 실전 문제를 풀면서 시험에 대한 부담을 줄였다. 이러한 변화 덕분에 지후는 점차 중학교 영어에 적응했고, 성적도 향상되었다.

영어 수준만 잘 이해해도 중학 영어는 잘 헤쳐 나갈 수 있다!
- 대한민국 중학생들의 영어 학습 어려움과 해결 방안

대한민국 중학생들이 영어 학습에서 겪는 가장 큰 어려움은 시험 중심의 학습 방식과 복잡한 문법에 대한 부담이다. 이를 극복하기 위해서는 단순 암기가 아닌, 문맥 속에서 어휘와 문법을 자연스럽게 익히는 학습법이 필요하다. 이렇게 학습을 한 뒤에 시험 유형에 맞춘 문제 풀이 연습을 하면 된다. 실전에서 적용할 수 있는 학습 전략과 실력 향상을 위한 학습법을 동시에 실천해 나가면 중학생들도 영어에 대한 자신감을 회복하고 성취감을 얻을 수 있다.

이렇게 하면, 평소 겪게 되는 시험 준비와 문법 학습에 대한 중압감을 극복하고 영어에 대한 흥미 증진과 성적 향상의 성과를 동시에 이룰 수 있다.

앞서 언급하였듯이, 중학교 진학 후 성공적인 영어 학습을 하기 위해서는 수준을 미리 이해하고 대비하는 것이 무엇보다 중요하다. 영어 학습에 대한 자신감을 유지하고, 학습 효율을 높이는 데 학습 수준을 인지하는 일이 결정적인 역할을 하기 때문이다. 초등 고학년 때부터 복잡한 문장 구조와 더 높은 수준의 어휘에 익숙해지는 연습을 하면, 중학교에 올라가서도 큰 어려움 없이 수업을 따라갈 수 있다. 또한 다양한 글을 읽는 습관을 들이면 독해력이 향상되어, 긴 문장과 어려운 어휘가 나오는 중학교 영어 시험에서도 수월하게 정답을 맞힐 수 있다.

❷ 자기주도학습 루틴을 만들어라

중학교에서 영어를 잘하기 위해서는 자기주도학습이 습관으로 잡혀 있어야 한다. 자기주도학습이란 학생 스스로가 목표를 설정하고, 학습 계획을 세우며, 이를 꾸준히 실천해 나가는 학습 방법이다. 이 과정에서 핵심은 일관된 학습 루틴을 만드는 것이다. 이렇듯 일관된 학습 루틴을 꾸준히 지속하다 보면, 중학교 영어 시험에서 좋은 성적을 받을 뿐만 아니라 영어 실력 전반이 크게 향상되는 결과를 얻을 수 있을 것이다.

그렇다면 효과적인 자기주도학습 루틴은 어떻게 만들 수 있을까? 아래의 사례는 학생들이 실천할 수 있는 구체적인 루틴 예시이다.

1) 매일 일정한 시간에 영어 공부 시작하기

매일 같은 시간에 영어 공부를 시작하는 것은 매우 중요하다. 학습 시간은 15분에서 30분 정도로 설정하고, 쉬운 부분부터 시작하여 어려운 내용까지 차근차근 도전하는 방식이 효과적이다. 매일 저녁 8시부터 8시 30분까지는 영어 단어를 외우고, 그 이후 30분 동안 읽기와 문법 연습을 하는 식으로 계획을 세워보기를 권장한다.

2) 주간 학습 목표 설정하기

한 주 동안 달성할 수 있는 목표를 구체적으로 설정하자. 예를 들어, 이번 주에는 영어 단어 50개를 외운다거나, 2개의 문법 챕터를 마스터하는 등의 목표를 세울 수 있다. 목표는 너무 크지 않게, 현실적으로 달성 가능한 수준으로 설정하는 것이 중요하다. 이를 통해 성취감을 느끼고, 학습 동기를 유지할 수 있다.

3) 읽기와 쓰기 활동 병행하기

영어 실력을 향상시키기 위해서는 읽기와 쓰기 활동을 병행하는 것이 좋다. 매일 10분 정도는 영어 지문을 읽고, 그 내용을 간단하게 요약하는 연습을 하자. 이렇게 하면 독해력뿐만 아니라 쓰기 실력도 자연스럽게 향상된다. 특히 주말에는 읽은 내용을 바탕으로 짧은 에세이나 감상문을 작성하는 것도 작문 실력 향상을 위해 좋은 방법이다.

4) 매일 복습하기

오늘 공부한 내용을 내일 복습하는 습관을 들이자. 복습은 학습 내용을 장기 기억으로 전환하는 데 큰 도움이 된다. 예를 들어, 오늘 외운 단어를 내일 아침에 잠깐 복습하고, 일주일에 한 번씩 그동안 학습한 내용을 반복적으로 점검하는 시간을 가지면 더욱 효과적이다.

5) 쉬운 목표부터 시작하여 점차 난이도 높이기

처음부터 너무 어려운 목표를 설정하면 쉽게 지칠 수 있다. 따라서 처음에는 쉬운 목표를 설정하여 성취감을 느끼고, 점차 학습의 난이도를 높이는 것이 좋다. 가령 처음 한 달 동안은 기초 문법과 단어 학습에 집중하고, 그다음 달부터는 짧은 글 읽기와 쓰기 연습을 추가하는 식으로 계획을 늘려나가면 된다.

중학 영어를 위해 기억해야 할 제언

자기주도 학습 루틴을 지속적으로 실천하면 영어 실력이 꾸준히 향상되고, 중학교 영어에서 자신감을 가질 수 있다. 중요한 것은 매일 꾸준히 실천하는 습관을 만드는 것이며, 작은 목표라도 달성했을 때, 자신을 칭찬하여 학습 동기를 잃지 않도록 유지하는 것이다.

한 영어교육 전문가는 최근 발표한 논문에서 "중학교 영어 학습에서 성공하려면, 초등학생 시절부터 자기주도 학습 습관을 들이는 것이 중요하다."고 말했다. 그는 "영어 실력은 단기간에 쌓이지 않기 때문에, 초등학교 때부터 꾸준한 학습과 다양한 경험을 통해 영어에 대한 자신감을 길러야 한다."고 강조한다.

❸ 중학교 진학 전에 필요한 영어 능력 체크리스트

앞서 소개한 필수 요소들을 기반으로, 중학교 진학 전에 필요한 영어 능력은 어떤 부분들이 있는지 체크해 보면, 중학 영어 학습에 보다 구체적인 계획을 세우고 방안을 강구하는 데 도움이 될 것이다.

지금부터 소개할 자가진단 체크리스트는 중학교 진학 전 자신의 영어 실력을 점검하고 부족한 부분을 파악할 수 있게 해줄 것이다. 각 항목에 대해 아래 기준에 맞게 스스로 평가해 보자.

평가 기준

• 1점: 전혀 자신 없음 • 2점: 조금 부족함 • 3점: 보통 수준 • 4점: 꽤 자신 있음
• 5점: 매우 자신 있음

1. 기본 문법 이해

1. 현재형, 과거형, 미래형 같은 기본 시제를 정확하게 사용할 수 있다.
   • □ 1점 □ 2점 □ 3점 □ 4점 □ 5점
2. 주어와 동사의 일치를 정확하게 적용할 수 있다.
   • □ 1점 □ 2점 □ 3점 □ 4점 □ 5점
3. 부정문과 의문문을 스스로 만들 수 있다.
   • □ 1점 □ 2점 □ 3점 □ 4점 □ 5점

4. 접속사를 사용하여 문장을 자연스럽게 확장할 수 있다.
- ☐ 1점 ☐ 2점 ☐ 3점 ☐ 4점 ☐ 5점

2. 어휘력

1. 초등학교 교과서에서 자주 등장하는 기본 어휘를 충분히 알고 있다.
- ☐ 1점 ☐ 2점 ☐ 3점 ☐ 4점 ☐ 5점
2. 중학교 교과서에 나오는 필수 어휘를 미리 익혔다.
- ☐ 1점 ☐ 2점 ☐ 3점 ☐ 4점 ☐ 5점
3. 어휘력 확장을 위해 책이나 어휘장을 활용하고 있다.
- ☐ 1점 ☐ 2점 ☐ 3점 ☐ 4점 ☐ 5점
4. 동의어와 반의어의 관계를 잘 이해하고 있다.
- ☐ 1점 ☐ 2점 ☐ 3점 ☐ 4점 ☐ 5점

3. 읽기 능력

1. 긴 문장이나 단락을 읽고 전체적인 내용을 파악할 수 있다.
- ☐ 1점 ☐ 2점 ☐ 3점 ☐ 4점 ☐ 5점
2. 문장의 주제와 세부 내용을 구별할 수 있다.
- ☐ 1점 ☐ 2점 ☐ 3점 ☐ 4점 ☐ 5점
3. 모르는 단어가 나왔을 때 문맥을 통해 의미를 추측할 수 있다.
- ☐ 1점 ☐ 2점 ☐ 3점 ☐ 4점 ☐ 5점
4. 다양한 텍스트(이야기, 설명문 등)를 읽고 이해한 경험이 있다.
- ☐ 1점 ☐ 2점 ☐ 3점 ☐ 4점 ☐ 5점

4. 듣기 능력

1. 영어 대화를 듣고 중요한 정보를 파악할 수 있다.
   - □ 1점 □ 2점 □ 3점 □ 4점 □ 5점
2. 일상적인 주제에 대한 영어 문장을 듣고 이해할 수 있다.
   - □ 1점 □ 2점 □ 3점 □ 4점 □ 5점
3. 원어민 발음을 듣고 내용을 따라갈 수 있다.
   - □ 1점 □ 2점 □ 3점 □ 4점 □ 5점
4. 영어 동영상이나 오디오 자료를 활용해 듣기 연습을 하고 있다.
   - □ 1점 □ 2점 □ 3점 □ 4점 □ 5점

5. 쓰기 능력

1. 간단한 문장을 스스로 만들고 문법적으로 올바르게 쓸 수 있다.
   - □ 1점 □ 2점 □ 3점 □ 4점 □ 5점
2. 주어, 동사, 목적어의 위치를 정확히 이해하고 있다.
   - □ 1점 □ 2점 □ 3점 □ 4점 □ 5점
3. 자신의 생각을 영어로 정리해 짧은 글로 표현할 수 있다.
   - □ 1점 □ 2점 □ 3점 □ 4점 □ 5점
4. 문장을 연결하는 접속사와 구문을 사용해 긴 문장이나 단락을 작성할 수 있다.
   - □ 1점 □ 2점 □ 3점 □ 4점 □ 5점

총점 해석

- 80점 이상: 중학교 영어 준비가 매우 잘되어 있다.
- 60~79점: 부족한 부분을 조금 더 보완하면 좋다.
- 59점 이하: 중학교 진학 전 기초를 다질 필요가 있다.

이 점수표를 바탕으로 부족한 부분을 파악하고 보완 계획을 세워보자!

중학교에 진학하는 학생들에게 영어 준비는 매우 중요한 과정이다. 초등학교 시절부터 꾸준한 학습, 자기주도 루틴을 통해 영어 실력을 쌓아온 학생들은 중학교에 진학해서도 자신감을 가지고 영어 공부에 임할 수 있다. 학부모님들께서도 자녀들이 중학교에서 영어를 성공적으로 학습할 수 있도록 입학 전에 필요한 준비 과정을 꼼꼼히 살펴보길 권장한다.

끝맺음: 영어 학습의 새로운 시작

이 책은 영어 공부에 어려움을 느끼는 학생과 학부모님께 실질적인 도움을 제공하기 위해 만들어졌다. 영어는 단순히 시험을 준비하기 위한 과목이 아니라 더 넓은 세상을 경험하고 자신감을 키울 수 있는 중요한 도구다. 이 책을 통해 영어가 조금 더 친근하게 느껴지길 바란다.

첫 장에서는 영어 말하기의 어려움을 극복하고 자신감을 키울 수 있는 실천 방법을 제시했다. 말하기는 틀려도 괜찮다. 중요한 것은 용기를 내어 시도하고, 반복하며 실력을 키워가는 과정이다.

다음으로 시험에서 자주 실수하는 문법을 정복하는 방법과 어휘력을 효과적으로 늘리는 비결을 다루었다. 어휘와 문법은 영어 실력의 핵심이다. 단순히 외우는 데 그치지 않고 문맥에서 이해하며 활용하면 더 오래 기억할 수 있다. 하루 15분의 읽기 연습은 짧지만 큰 변화를 가져오는 강력한 습관이다. 꾸준히 실천하면 읽기 실력과 자신감을 동시에 키울 수 있다.

서술형 문제와 에세이는 처음에는 어렵게 느껴지지만, 단계적으로 준비하면 누구나 잘 쓸 수 있다. 자신의 생각을 글로 정리하고 표현하는 과정은 영어 실력을 한 단계 높이는 중요한 연습이다. 마지막으로 각자의 학습 스타일에 맞는 방법과 중학교 입학 전에 준비해야 할 학습법을 소개하며 앞으로의 학습 방향을 제시했다.

결국 중요한 것은 지금 시작하는 것이다. 이 책에서 배운 내용을 하나씩 실천하며 자신만의 학습법을 만들어 가길 바란다. 조금 느리더라도 꾸준히 노력하다 보면 반드시 성장할 수 있다. 영어 공부는 실패도 성장의 일부라는 사실을 잊지 말아야 한다.

영어라는 멋진 도구를 통해 더 큰 세상을 경험하고 자신의 꿈을 이루는 데 한 걸음 더 나아가길 바란다. 이제 영어 공부를 새롭게 시작해 보자. 노력은 반드시 결실을 맺는다.

PART 3

수
학

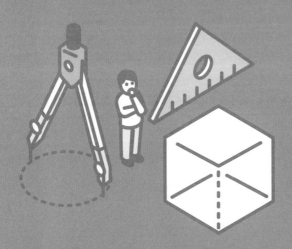

평범한 아이의 수능 수학
1등급 로드맵

01

유아기 수학 활동
정말 효과가 있을까?

수학 조기교육의 열풍과 수능 1등급의 상관관계

수학 조기교육에 대한 오해: 정말 필수일까?

많은 부모님들이 자녀에게 좋은 교육과 기회를 주기 위해 일찍이 교육에 관심을 보인다. 크게 영어와 수학으로 나눠 생각해 본다면, 영어는 영어유치원을 다니거나 영어 동화책, 영어미디어를 통해 조기교육을 하고, 수학은 수학 동화책, 교구 수학, 주산 같은 프로그램 등을 통해 조기교육을 시작한다. 우선 영어는 조기교육이 어느 정도 큰 효과를 발휘한 분야라는 것은 누구나 익히 알고 있는 사실로 보여진다. 그러나 수학은 어떨까? "어릴 때부터 수학 관련 교육을 시키면 나중에 수능에서 1등급을 받을 수 있을까?"라는 질문을 많이 한다. 하지만 이 질문에 대한 답은 생각만큼 단순하지 않다.

영어와 수학, 왜 다를까?

우리가 영어를 먼저 생각해 보면, 조기교육이 큰 효과를 발휘하는 분야라는 걸 알 수 있다. 언어는 어릴 때 배울수록 훨씬 쉽게 익힐 수 있다. 그래서 많은 아이들이 어린 시절부터 영어에 노출되면 나중에 영어 실력이 눈에 띄게 향상 된다. 수능 영어가 절대 평가로 바뀐 이유도 영어 조기교육의 효과가 어느 정도 검증되었기 때문이다. 일정한 점수만 넘기면 등급을 받을 수 있으니, 더 이상 치열하게 경쟁할 필요가 없는 상황이 된 것이다.

그렇다면 수학은 어떨까? 플레이팩토나 오르다 가베 보드게임 같은 프로그램을 통해 아이들이 어릴 때부터 수학 관련 활동을 하기 시작하지만, 정말로 효과가 있을까? 결과적으로 보면, 수학은 영어와 다르다. 단순히 어릴 때부터 많이 시킨다고 해서 고등학교 때 수학을 잘하게 되는 건 아니다.

왜 영어는 되고, 수학은 안 될까?
여기에는 몇 가지 중요한 이유가 있다.

배우는 방식의 차이:

영어는 언어이기 때문에 어릴 때부터 자연스럽게 습득되는 경향이 있다. 아이들이 태어나 말을 배우고, 단어를 반복하면서 언어를 습득하는 과정을 생각해 보면 알 수 있다. 주변 환경에서 부모님이 말하는 것을 듣고 따라 하면서 말문이 트이는 것처럼, 영어도 자연스럽게 노출되는 것이 큰 도움이 된다. 마치 우리가 걷는 법을 배울 때 몇 번 넘어져도 다시 일어나서 시도하는 것처럼, 언어도 반복적으로 사용하면서 서서히 익히는 과정이다.

하지만 수학은 이와 다르다. 수학은 숫자나 기호를 다루는 과목일 뿐만 아니라 논리적인 사고와 추상적인 개념을 이해하는 것이 필요하다. 예를 들어, 숫자 "2"가 두 개의 사과를 나타내는 것이라는 개념은 어린아이들이 쉽게 이해할 수 있다. 하지만 "2 + 2 = 4"라는 수식을 이해하려면 두 개의 사과가 두 개 더해져 네 개가 된다는 논리적인 사고가 필요하다. 이러한 사고는 나이가 들면서 점진적으로 발달한다. 그래서 어린 나이에 수학을 일찍 시작한다면 수학을 수학답게 이해하는 데 한계가 있고, 오히려 재밌게 배워야 할 수학에 대한 흥미를 놓칠 수 있다.

양보다 질:

수학은 많이 한다고 해서 무조건 잘하게 되는 과목이 아니다. 중요한 것은 얼마나 많이 하느냐가 아니라 얼마나 잘 이해하느냐이다. 그래서 어린 시절에 수학 교구나 놀이를 많이 접했다고 하더라도 그게 나중에 고등학교 수학 성적과 직접적으로 연결되지 않는다.

수학을 잘하려면 많은 문제를 푸는 것이 도움이 될까요? 많은 부모님들이 "문제를 많이 풀면 잘할 거야!"라고 생각하지만, 사실 수학은 얼마나 많이 풀었는지가 중요한 것이 아니라 얼마나 잘 이해했느냐가 중요하다.

예를 들어, 한 아이가 100문제를 풀었는데, 그중 절반은 대충 풀었다고 가정해보자. 이 아이는 단순히 문제의 답만 맞추는 데 집중하다 보니 개념을 제대로 이해하지 못했을 수 있다. 반면에, 다른 아이가 20문제만 풀었지만, 한 문제 한 문제에 시간을 들여서 왜 이 답이 나왔는지를 깊이 고민했다면, 이 아이는 수학의 기본 개념을 더 확실히 이해하게 된다.

그래서 수학 교구나 놀이를 많이 접하는 것도 그 자체로는 좋지만, 중요한 건 그 활동들이 아이에게 수학적 개념을 제대로 이해하게 하는지이다. 단순히 숫자 맞추기나 퍼즐을 푸는 것만으로는 수학적인 깊은 이해로 이어지지 않을 수 있다.

예를 들어, 레고로 무언가를 만드는 활동은 수학적 개념을 이해하는 데 간접적으로 도움이 될 수 있지만, 그것이 꼭 수학 문제를 푸는 능력으로 바로 이어지지는 않는다. 문제 해결 능력이나 공간 감각을 키우는 데는 도움이 되겠지만, 수학적 논리를 깊이 이해하는 것과는 다소 차이가 있을 수 있다.

흥미와 재능:

모든 아이들은 각기 다른 흥미와 재능을 가지고 있다. 어떤 아이는 레고 조립을 좋아하고, 다른 아이는 미술에 흥미를 느낄 수 있다. 사실 모든 활동이 아이의 발달에 도움이 된다. 레고를 통해서는 공간 감각과 문제 해결 능력이 자연스럽게 발달하고, 미술을 통해서는 창의력과 세부적인 관찰 능력이 향상된다. 이런 능력들은 단순히 수학뿐만 아니라 아이의 전반적인 사고 발달에 중요한 역할을 한다.

예를 들어, 레고 조립을 통해 어떻게 구조물을 세울지 고민하는 과정은 수학적 사고와 비슷하다. 무엇을 먼저 만들어야 할지, 어떤 블록이 어디에 있어야 구조가 안정적인지를 생각하는 것은 일종의 논리적 사고를 연습하는 것과 같다. 마찬가지로 미술은 비록 수학과 직접적으로 관련이 없다고 느껴질 수 있지만, 아이들이 형태와 비율을 이해하고 표현하는 과정에서 수학적인 사고가 자연스럽게 포함된다.

따라서 꼭 수학 교구나 프로그램에만 의존하지 않아도 아이들은 다양한 활동을 통해 수학적 사고를 배울 수 있다. 중요한 것은 아이들이 어떤 활동에 흥미를 가지는지를 파악하고, 그 활동을 통해 다양한 사고 능력을 키워주는 것이다. 강제로 수학 프로그램에 참여시키기보다는 아이가 흥미를 느끼는 활동 속에서 논리적 사고와 문제 해결 능력을 자연스럽게 기를 수 있도록 도와주는 것이 오히려 더 큰 도움이 될 수 있다.

뇌 발달과 학습

수학태교라는 말 들어보셨나요? 임산부가 직접 수학문제집을 풀거나, 암산을 하거나, 수학관련 활동을 하는 것이다. 임산부의 이런 활동이 태아의 수학능력 발달에 효과적이라고 열풍이 불기까지 하는데, 부모님들은 왜 이렇게 일찍부터 수학교육에 열광일까?

어떤 사실에 근거한 교육관보다는 불안한 심리가 가장 큰 요인이라고 생각한다. 부모님들의 불안감을 이해한다. 많은 부모님들이 "우리 아이가 남들보다 수학을 덜 배우고 있는 게 아닐까? 더 일찍이 배워야 하는 것은 아닐까?"라는 불안감을 가지고 있다. 하지만 저는 부모님들께 이런 걱정은 내려놓으셔도 된다고 말씀드리고 싶다. 자녀의 미래 수학 성적은 조기 수학교육으로 결정되지 않는다. 오히려 아이에게 너무 많은 부담과 기대를 주는 것은 아닌지 생각해 보셨으면 한다.

아이들의 뇌가 어릴 때 수학적 사고를 위해 특별히 준비되어야 한다고 생각하시는 부모님들이 많이 계신다. 물론 유아기는 뇌 발달의 중요한 시기이다. 레고를 하거나, 미술 활동을 하거나, 주산을 배우는 것 모두 아이의 전반적인 뇌 발달에 도움이 된다. 이런 활동들은 아이의 창의력, 문제 해결 능력, 손과 눈의 협응 능력을 키워준다. 하지만 그 활동들이 꼭 수학적 능력과만 관련 있는 것은 아니라는 점을 기억해 주셨으면 한다. 그래서 모든 교육이 수학중심으로 이루어질 필요는 없다고 여겨진다.

그럼, 부모님들은 어떻게 해야 할까?

조기 수학교육에만 너무 집중하기보다는 아이의 논리적 사고력과 문제 해결 능력을 키울 수 있는 다양한 활동을 권장하는 것이 좋다. 다음과 같은 활동들이 오히려 더 효과적일 수 있다.

독서: 다양한 책을 읽음으로써 아이는 논리적인 사고를 자연스럽게 익힐 수 있다. 책 속에 나오는 이야기를 이해하고, 따라가고, 생각해 보는 과정을 통해 문제 해결 능력도 키워진다. 또한 어릴 때 그림책을 많이 읽음으로써 아이들의 상상력이 풍풍해지고 그림책에서 글밥이 많은 책으로 넘어 갔을 때에도 책 읽는 것을 좋아할 가능성이 높다. 어릴 때 독서는 상상력. 논리적 사고력. 문제해결 능력. 독해력을 기르는 가

장 기초이며 필수적인 요소이다.

놀이: 레고나 역할 놀이 퍼즐 블록놀이 블록쌓기와 같은 활동은 아이들의 창의력과 문제해결 능력을 키우는 데 정말 큰 도움이 된다. 이런 활동들을 통해 아이는 복잡한 문제를 어떻게 풀어야 할지 자연스럽게 배우게 된다.

글쓰기: 조금 더 나이가 든 아이들에게는 글쓰기를 통해 논리적으로 생각하고, 자신의 생각을 정리하는 훈련이 필요하다. 읽었던 책의 내용을 글로 옮겨보거나, 자신의 의견을 글로 옮겨봄으로써 논리적으로 생각하고 정리하는 능력도 길러진다. 글을 쓰면서 논리적으로 사고하는 능력은 나중에 복잡한 수학 문제를 풀 때도 큰 도움이 된다.

결론적으로, 부모님들께서는 조기 수학교육만이 아이의 성공을 보장해 줄 것이라는 기대에서 벗어나셔도 좋다. 조기 수학교육에 초점을 맞추기보다는 논리적 사고력과 문제 해결 능력, 그리고 독해력을 키우는 데 초점을 맞춰서 지도하다 보면, 아이들은 수학뿐만 아니라 인생의 여러 분야에서 성공할 수 있는 훌륭한 기반을 쌓게 될 것이다.

02

초등학생 저학년 놓치지 말아야 할 핵심역량은 무엇일까?

아이의 수학 실력을 키우는 방법

수학 지식책과 수학 동화책

결론부터 말하자면, 수학을 잘하기 위해서는 수학교과서를 펴서 공부하고, 수학문제집을 풀어야 한다. 절대 수학 지식책과 수학 동화책으로 수학을 잘하는 아이를 만들어 줄 순 없다.

수학 지식책이나 수학 동화책은 수학성적과의 직접적인 관련성은 적다. 수학을 싫어하는 아이가 수학 개념을 익히거나, 교과서에서 이해가 잘 안되던 내용을 수월히 이해하게 하는 면이 있다. 그러나 거기까지가 수학 지식책이나 수학 동화책의 효과이다. 수학을 잘하는 방법은 정해져 있다. 수학과 관련된 지식을 쌓고 배경지식을 쌓는다고 해서 수학을 잘할 순 없다. 수십 권의 수학 전집을 읽는 목적이 수학을 잘하기 위해서라면 그만두는 것이 좋을 것 같다. 왜냐하면 효과는 없다. 수학 점수를 위해 어떤 배경 지식을 쌓는다고 해서 그것이 수학 점수를 올리거나 수학을 잘하도록 도와주지 않는다. 수학은 개념을 정확히 이해한 후 문제를 풀면서 계산 오류나 생각의 오류를 줄여나가는 것을 반복할 때에만 수학을 잘할 수 있다.

기본적으로 수학을 좋아하거나 수학을 잘하는 아이들은 수학 동화를 보거나 교과서 개념을 설명해 주는 책을 보지 않아도 된다. 이런 아이들은 수학교과서만 읽어도 충분히 개념을 이해할 수 있기 때문이다. 이런 친구들은 수학 동화책보다는 심화된 수학문제를 다루는 책을 보는 것이 좋다

주산

수학에서 연산은 굉장히 중요한 부분을 차지한다. 또한 연산은 집중력과 상관관계가 높아서 피곤하거나 집중하지 못하는 상황에서 연산 실수가 더 잦은 것은 흔히 볼 수 있는 사례이다.

그래서 집중력 강화와 계산의 정확성과 속도를 위해서 연산을 하는 것에는 동의한다. 하지만 아이의 주산 학습 시기와 아이 연령 및 현재 아이의 특성을 잘 파악하고 주산을 시작해야 한다.

가장 먼저 체크해야 할 것은 아이의 독서 능력이다. 아이가 책 읽기를 혼자 하기에 너무 어린 나이일 경우, 책 읽기 이해능력이 아직 부족한 나이일 경우, 책 읽기를 싫어하는 아이일 경우는 주산을 할 경우 독이 될 수 있다. 왜냐하면 초등 저학년까지 수학은 거의 연산이 대부분을 차지한다. 이런 유형의 아이들이 주산을 일찍 배우면 책 읽기와 더욱 멀어지기 쉽다. 주산을 배우다 보면, 숫자를 볼 경우 바로 머릿속으로 암산을 해버린다. 문제의 문맥을 파악하지도 않아도 금방 정답을 맞출 수 있다. 시기적으로 수학 교과의 난이도가 어렵지 않기 때문에, 이 아이가 마치 수학을 잘하는 것처럼 보일 수 있다. 초등학교 저학년은 독해력을 쌓을 시기인데 이를 놓쳐 가게 되고, 주산의 단순 연산능력은 더욱 강화된다. 연산이 수학에서 중요한 요소이기는 하지만, 수학 전체의 부수적인 요소이다. 문장 독해력이 바탕이 된 깊이 있는 수학적 사고 없이 단순 연산만으로는 고등과정에서 고득점을 받을 수 없다. 책 읽는 읽기 능력이 갖춰진 아이들이나, 책 읽는 것을 좋아하는 아이들이 아닌 경우는 주산은 독이 될 수 있다.

그러나 책을 스스로 읽기를 즐겨하고, 책 읽기 습관이 잘 형성된 친구들에게 주산은 집중력 강화와 연산 능력의 강화라는 장점을 충분히 줄 수 있다. 대수는 대입 입시 수학에서 70퍼센트에 해당하므로, 연산은 분명히 수학의 중요한 부분을 차지한다. 실제로 수학학원에서 새로운 진도를 나가게 되면 연산파트에서 오류가 나거나, 새로운 연산을 익히는 데 꽤 오랜 시간이 소요되기도 하며, 연산이 느린 아이는 연산이 빠른 아이에 비해서 수학적인 임계량을 채우는 데 더 오랜 시간이 걸릴 수밖에 없다. 연산은 수학의 가속도를 높여줄 수 있는 충분한 매개체이다. 예를 들면, 연산이 느린 아이와 연산이 빠른 아이가 동일한 문제집으로 동일한 파트를 3시간을 공부했다고 했을 때, 연산이 빠른 아이는 연산이 느린 아이보다 빠르게 문제를 풀어내고, 남은 시간에 헷갈리는 개념이나, 오답이나 심화 문제를 사고해 볼 수학적 시간을 확보할 수 있다. 때문에 연산이 느린 아이는 결국 연산이 빠른 아이의 수학적인 양과 질을 모두 다 따라 올 수 없게 될 것이다.

결론적으로 아이의 독해력과 독서량과 독서습관을 고려하여 독서가 잘 잡혀 있지 않은 아이들은 독서부터 시작하고, 독서를 통한 책 읽는 습관을 길러준 뒤 이후에 주산이나 연산학습을 하고, 독서가 잘 잡혀 있는 친구들은 주산이나 연산 학습을 쌓아가기를 권장한다.

문해력
문장 독해력이 없으면 고등 수학의 벽은 높다.

수능 지문을 보면 8절 사이즈로 B4보다 조금 크다. 8절 사이즈의 4분의 1이 지문이라고 생각해 보자. 과연 독해력이 없는 친구들이 이 지문을 읽고 문제에서 요구하는 것을 알 수 있을까? 아이들을 가르치다 보면 정말 많이 듣는 말이 "무슨 말인지 모르겠어요."이다. 우리가 모르는 문제가 나왔을 때, 문제 푸는 방법이나 힌트를 알려주는 영역이 수학을 지도하는 사람의 영역이라고 한다면, 문제를 읽고 이해하는 능력은 오롯이 아이가 해결해야 할 영역이다. 같은 개념을 물어보는 문제라고 하더라도 말을 바꾸거나 조금만 길게 말을 꼬을 수도 있다. 문제의 뜻을 알아야 그 다음에 문제를 풀어볼 식이라도 쓰는데, 문제의 뜻을 모른다면 식은 세울 수도 없다. 독해력이 없으면 고등 수학의 벽은 높다.

또한 수학에는 많은 기호들이 쓰이고, 이런 기호들은 혼합하여 문제로 출제된다. 고등 수학 과정으로 넘어가면서 대부분의 아이들이 기호에 약한 것을 알 수 있다. 이 부분은 기호에 익숙하게 만들어 주면 된다. 기호가 의미하는 것을 설명해 주고, 훈련시켜 주면 된다. 훈련을 통해서 수학적 기호에 익숙해지고, 혼자 스스로도 기호를 해석할 수 있는 능력이 생긴다. 그런데 아이들에게 이 과정을 훈련시키면서 한 가지 신기한 것을 발견해 왔다.

그 기호 해석에서 어려움이 없는 아이들이 있다는 것이다. 그 아이들은 일찍이 선행을 시작하거나, 수학 선행을 하지 않았어도 독특하게 수학적 기호를 잘 해석하는 아이들이 있다. 그 아이들의 공통점은 책을 좋아하고 많이 읽었다는 것이다. 독서의 영역이 수학의 영역으로 확장되는 순간이었다. 그렇다, 수학도 언어이다. 수학적인 기호로 해석해 내는 것은 해당 문제를 풀어내는 데 매우 중요한 미션이다. 그 기호가 의미하는 바를 해석해 낼 줄 알고, 결과적으로는 문제가 의미하는 바를 추론해 낼 줄 알아야 결국 그 문제를 해결할 수 있다. 그런 과정에서 논리적인 사고는 필연적으로 필요하며, 그 사고를 돕는 과정에서 독서의 독해력은 절대적으로 필요한 작업이고, 수학을 잘하기 위해서 꼭 갖춰야 할 필수적인 부분이다.

사고력에 대하여

사고력이란 무엇일까? 이치에 맞게 생각하고 판단하는 힘을 뜻한다. 창조적, 논리적, 비판적으로 생각할 수 있는 능력을 뜻한다.

현장에서 아이들을 지도하다 보면, '사고력이라는 것이 과연 후천적으로 길러지는 것일까?'라는 반문을 하게 된다. 그만큼 사고력이라는 것은 단시간에 길러지는 것이 아니다.

특히 어려운 문제를 많이 풀어보면 길러질 것이라는 엄마들의 생각은 정말 막연한 가설이고, 비슷한 유형의 문제를 모아서 푼다고 해서 수학적 사고력 자체가 길러지는 것은 절대 아니다. 사고력이란 생각하는 힘. 곧 생각하는 습관이다. 이것은 어떠한 문제든지 깊이 있게 해결하기 위해 끝까지 매달리는 자세나 습관이 먼저 몸에 익어야 한다. 이리저리 여러 각도로 머리를 굴려보는 태도도 필요하고, 머릿속에서 번쩍 떠오르는 직관력도 필요하다.

이런 사고력은 과연 어린 시절 창의사고력이란 수업과 훈련을 통해서 과연 가능할까?

수학에 관심 있다고 하시는 어머님들 누구나 알고 계시는 창의사고력. 아무리 소신껏 교육을 시키려고 발버둥 쳐도 너도나도 하는 창의사고력을 시키는 덕에 내 아이만 시키지 않다가 큰일이 나는 것은 아닐까? 하는 생각을 누구나 해보셨을 것이다. 이제는 마치

"수능 수학 1등급을 위한 필수관문으로 자리 잡은 창의사고력!"

그러나 아이의 교육을 소신껏 선택하시려는 학부모님들이 많아졌다. 그런 학부모들은 전문가의 진짜 소리를 궁금해한다. 그래서 준비했다.

과연 창의사고력, 고등 수학과 얼마나 효과가 있을까? 다음 편에서 살펴보도록 하겠다.

03

창의사고력 집중 파헤치기

창의사고력의 모든 것

유아기부터 초등 저학년까지 일어나는 열풍 창의사고력, 그것의 효과는 얼마나 될까?

엄마들이 열광하는 창의사고력이 과연 수능 1등급을 위한 필요한 요소를 만드는 데 효과적인 것일까?

먼저 창의사고력에 대해 언제부터 어떻게 열광하게 되었는지 살펴보겠다.

창의 사고력은 왜 생겼을까?

창의사고력이 생긴 것은 언제일까? 한창 외고 입시 붐이 있었던 20년 전으로 거슬러 올라가 보자. 바로 처음 생긴 유래는 외고 입시이다. 2000년대 교육부는 더 이상 외고 입시에서 교과 수학을 시험에 치르지 못하게 통제하였다. 그러자 외고 선발 고사에 교과 수학에는 해당되지 않는 잡다한 문제들이 나타나기 시작한 것이다. 특별히 외고란 외국어를 잘하거나 자신 있어 하는 친구들이 몰리는 특성을 가지고 있다. 그 아이들은 상대적으로 수학은 자신 없어 한다. 그런 아이들을 대상으로 난잡하게 열거된 수학문제가 시험문제로 나오는 것에 대단히 당황할 수밖에 없었을 것이다. 그렇게 창의사고력은 외고를 희망하는 학생들에게 준비해야 할 한 영역으로 시작되었다.

두 번째는 영재교육원이다. 교육청이나 대학 부설 영재교육원들이 원생들을 뽑을 때, 교과과정 이외의 다양한 사고력 측정 문제들을 출제했고, 이런 문제들 중 일부 '창의사고력 수학' 문제라는 이름이 붙었다. 이후 외고 입시와 영재교육원의 출제 문제 대비를 위한 학부모님들의 니즈가 점점 커질 것으로 예상되면서, 창의 사교육의 콘텐츠들이 개발되고, 창의사고력 상품을 만들어 내기 시작했다. 그런데 외고 입시에 창의사고력 문제를 출제하는 것이 외국어 고등학교 취지와 맞지 않으며, 오히려 창의사고력 사교육만 증가시킨다는 지적과 비판에 직면

하게 되었다. 이에 교육부는 외고 입시에서 창의사고력 수학을 빼도록 유도하면서 실제로 서울·경기 지역 외고 입시에서 2007년, 2008년에 걸쳐 창의사고력 수학이 제외됐다. 외고 입시에서 창의사고력 문제가 제외되자, 비상이 걸렸다.

그때부터 '영재교육원'을 집중적으로 홍보하여 영재교육원 대비는 반드시 거쳐야 하는 과정으로 창의사고력이 홍보되기 시작했다. 한편 창의사고력 수학이 중·고등학교 교과 수학을 잘하기 위해 반드시 거쳐야 하는 과정인 것처럼 홍보되기 시작했다.

사실 창의사고력의 영역은 학부모들이 소신껏 판단하기 어려운 영역이다. 왜냐하면 학부모들 또한 수학을 어려워했고, 창의사고력 수학을 객관적인 시각으로 바라볼 만한 자신감과 통찰력을 갖고 있지 않기 때문이다. 또한 마치 학부모 세대들에게는 없었던 "창의사고력"의 영역이 수학을 잘할 것 같은 기대 심리를 내려놓을 수 없기 때문이다. 이러한 열풍은 쉽게 가라앉지 않은 채 수년이 흘렀다.

창의사고력이 시작된 지 20년이 넘어가면서, 이제 학부모님들의 세대도 대학을 졸업하였고, 창의사고력를 실제로 경험한 아이들이 대학에 진학하면서 창의사고력에 대한 열풍이 이전보다는 많이 가라앉은 상태이다. 또한 이렇게 창의사고력을 시켜 봤지만, 고등학교에 진학하여 뚜렷한 성과를 내지 못하는 사례들을 실제로 쉽게 접하게 된다. 그렇게 창의사고력에 대한 회의는 열풍만큼 거세지고 있는 것이 현실이다. 하지만 그럼에도 불구하고 그만둘 수 없는 이유는, 이제는 마치 영어유치원이 당연히 보내야 하는 코스인 것처럼, 창의사고력은 유아기나 초등 저학년 때 꼭 해야 할 코스처럼 자리 잡았기 때문이다. 또한 똑똑한 옆집 아이가 하고 있는 것을 우리 아이만 안 하기가 쉽지 않다는 것이다.

그렇다면 과연 효과가 얼마나 있을까?

유아기와 초등 저학년까지 일어나는 열풍인 창의사고력 문제집과 강의들은 결론부터 말하자면, 고등 수학의 핵심이라고 볼 수 있는 '수학적 일반화' 및 '연역 논리'와 상관이 없다. 특히 창의사고력 수학을 잘해야만 고등학교 수학을 잘할 수 있는 것은 결코 아니다. 아마도 이 의견에 모든 고등부 수학 강사 및 교사들은 동의할 것이다. 창의사고력 수학 문제들을 보다 보면, 수학도 아닌 것이 수학이라는 이름 아래 난잡하게 열거 해 놓았다. 마치 아이큐테스트 문제를 발전시킨 아이큐테스트 유형의 문제나, 초중고 교과과정에서 속하지 않은 것들을 총망라 해 모아놓은 것이 많다. 고등 수학을 체계적으로 배우면 풀 수 있는 문제들을 노가다하도록 만들어 놓은 것들도 많다. 수학을 체계적으로 배우면 풀 수 있는 문제들을 체계 없이 풀어보는 것이 수학을 잘하는 비법인 것처럼 학부모들을 설득하고 있다. 그런 과정이 고등학교 수학의 고득점과 직결된다고 많은 사교육시장에서 끊임없이 학부모들은 설득해 왔다. 정말 과연 그럴까?

창의사고력을 잘하는 아이는 애초부터 수학적 두뇌를 타고난 아이이다. 이런 아이들은 교과 수학도 잘하고, 창의사고력도 잘한다. 이 아이들이 창의사고력을 학습했기 때문에 교과 수학을 잘하거나 고득점에 유리한 것이 아니라 이런 아이들은 창의사고력을 학습하지 않아도 교과 수학도 잘하고, 고난이도 수학문제에서도 사고력을 발휘한다. 창의사고력을 학습했기 때문에 수학을 잘하는 것이 아닌데, 잘하는 아이가 창의사고력을 함으로써 이런 착시 현상은 점점 더 일반화되었다.

다음은 창의사고력 교재(팩토)의 목차 중 일부이다.

1. 반복되는 마디
2. 빙글빙글 규칙
3. 증가 패턴
4. 수열
5. 수 배열표
6. 바둑돌 규칙

창의사고력 교재와 일반 교과 수학의 가장 큰 차이는 구성에서 있다. 우선 일반 교과 수학은 수학의 원리를 바탕으로 이전 과정이 계속해서 누적되어 다음 과정을 배우도록 설계되어 있다. 그러나 창의사고력 교재는 보시는 것처럼 누적 개념이 아닌, 병렬식 개념으로 설계되어 있다. 병렬식 개념을 학습한다는 것은 각각의 새로운 경험들을 확장해 나가는 것이지, 그것이 수학적인 체계를 누적시켜 주는 것과 다르다. 병렬식 개념은 누적 개념이 수반되지 않기 때문에, 각각의 문제풀이를 한 이후에 휘발될 가능성이 매우 높다. 그럼에도 불구하고 막연하게 도움이 될 것이라는 가정하에 창의사고력을 학습시키는 것은 아닌지 확인해 보셔야 한다.

수능 수학의 고득점을 받으려면 수학적인 어떤 원리를 배운 후, 그 개념을 바탕으로 학습하고 연마한 다음, 최종적으로는 새로운 어떤 문제를 만났을 때, 그동안 쌓아온 개념과 이론을 바탕으로 정답을 도출하는 것이다. 그러나 창의사고력이라는 문제들을 보면 어떤 원리를 배우기보다는 수학의 한 영역의 문제를 노출시키고, 원리보다는 본인의 사고력을 기반으로 문제를 풀도록 하고 있다. 원리를 배운다고 하더라도 수학적 식을 바탕으로 하여 문제를 풀기보다는 아이큐테스트처럼 수학적 직관력으로 문제를 풀도록 되어 있다. 이런 식의 수학적인 학습이 과연 수능 수학 1등급에 도움이 될까? 저는 이 부분에서 몇 가지를 살펴보고 싶다.

개념 확장이 불가능하며, 누적 복습이 불가능한 구조이다.

 수학이란 학문은 초등부터 고등 과정까지 유기적으로 연결되어 있다. 초등 과정의 학습이 안 되면 중등 과정의 학습을 할 수가 없다. 한 과정을 배우고 그 과정을 바탕으로 다음 과정으로 확장되어져 가는 것이 수학의 학습 원리이다.

 그러나 창의사고력의 책의 구성을 보면, 같은 영역 내에서도 어떤 원리를 바탕으로 다음 원리로 확장해 가는 것이 아니라 각각의 다른 원리들을 개별적으로 학습하도록 구성되어 있다. 따라서 아무리 창의사고력을 오래 배웠다고 하더라도 개념이 확장되는 것이 아니어서 수학적 학습을 깊이 있게 배웠다고 보기 힘들다. 수학적인 지식이 깊어지는 것이 아니라 단순히 수학 문제를 노출시켜 주는 역할을 할 뿐이다. 수학적 감이 좋거나, 소위 수학 머리가 발달된 아이들은 이런 학습방법이 재미있을 수도 있다. 원리를 배우지 않고도 문제를 풀어보거나, 또 배웠던 몇 가지 원리를 바탕으로 스스로 융합하여 최종적으로 자기 것으로 소화할 수도 있다. 그러나 그런 아이들이 얼마나 될까? 이런 아이들은 소수가 아니라 극히 소수이다. 대부분의 아이들은 창의사고력에서 요구하는 문제조차도 이해하기 힘들어하며, 문제를 이해했다고 하더라도 그 문제풀이가 각각의 경험이 될 뿐, 수학적지식이 쌓이지 않는다. 따라서 생각보다 그 효과는 시간과 비용 효과가 떨어질 뿐만 아니라 배운 것들이 개념적으로 쌓아지거나 개념적으로 확장되는 것이 아니라서 교과수학에서 최종적으로 써먹을 수가 없다. 따라서 창의사고력의 학습의 유무가 절대 수능 수학의 1등급을 결정지을 수 없다. '혹시 창의사고력을 시키지 않아서 우리 아이가 수학을 못 하는 것은 아닐까?'라고 염려되시는 부분이 있다면, 창의사고력과 수능 수학은 절대 상관관계가 없다고 말씀드리겠다.

그렇다면 창의사고력에서 길러지는 수학적인 직관력의 효과는?

직관력이란 수학문제를 풀 때 굉장히 중요한 요소이다. 그러나 직관력도 수학의 개념에서 바탕으로 연역법적 접근. 곧 원리를 기반으로 학습한 후 문제풀이 과정에서 어떠한 개념에 기반한 한 아이디어가 필요한 것이다. 잘못했다가는 창의사고력에서 길러질 수 있는 직관력은 아이의 찍기 실력만 강화시켜 줄 수도 있다. 수학적 직관력을 위해서 창의사고력을 시키실 필요가 없다. 직관력이 타고 나면 좋겠지만, 그렇게 타고 나지 않더라도 충분히 개념과 원리를 배우면 누구나 1등급을 받을 수 있다.

실제로, 저는 어릴 때부터 창의사고력을 오래 한 친구들을 가르친

적이 있다. 학군지의 목동에서는 그런 친구들이 아주 많다. 그 친구들이 교과 수학에 진입을 한 후, 초등 수학이 끝나고 중등 수학에 입문하면서 너무 안타까운 일들이 벌어진다. 창의사고력으로 강화된 직관력이 잘못 쓰이고 있으나, 유아기 때부터 시작한 사고력 수업의 오랜 훈련으로 본인의 문제풀이의 문제점을 고치기 힘들어하는 경우를 많이 봤다. 창의사고력에서 푸는 방식과 일반 교과에서 푸는 방식이 조금 다르다. 학교 내신에서 준식을 통한 정확한 풀이과정이 있어야지 점수를 받을 수 있는 문제를 창의 사고력에서는 직관적인 풀이로 답을 도출할 수 있다. 창의사고력 수업에 굉장히 오래 학습된 아이들은 이런 문제들을 준식 없이 답을 맞추는 경우가 있다. 그러나 식을 쓸 수 없다. 그리고 그 식을 쓰더라도 교육과정에서 요구하는 해당 학년에서 원하는 준식이 아니다. 그럼에도 불구하고 창의사고력을 배운 학생은 그 답을 맞췄기 때문에 식을 쓰려고 하지 않는다. 이런 친구들은 절대 중등수학부터 내신 고득점에서 불리하다. 안타까운 예이다. 이렇게 아이가 잘못된 훈련으로 강화되었지만, 어머님들은 이 사실을 뒤늦게야 알게 되고, 이것을 고쳐보려고 하지만, 꽤 많은 시간 동안 강화된 잘못된 습관이라 잘 고쳐지지 않는다.

수능 수학의 1등급은 정석적인 풀이가 절대적으로 필요하며, 그 과정에서 직관력이란 부수적인 요인이다. 그 직관력만으로는 절대 수학의 고득점이 불가능하며, 직관력은 적절하게 사용되지 않으면 오히려 독이 될 수 있다. 직관력을 키우기 위해서 창의사고력을 학습시키는 것은 오히려 잘못된 직관력을 키울 수 있다는 점을 유념하셔야 해야한다.

 영재에 가까운 아이들은 창의사고력 문제를 풀면서 수학적인 하나의 경험과 또 다른 경험을 바탕으로 새로운 방법을 도출하기도 하며, 그 경험들을 자기만의 데이터로 축적하고 융합하여 새로운 방법까지도 도출이 가능하다. 그렇기 때문에 이런 아이들에게 창의사고력은 재미있는 경험들의 세계이기도 하다. 그러나 대부분의 아이들에게 창의사고력은 하나의 경험을 통해 하나를 배우거나, 또 하나의 경험을 통해서 또 다른 하나를 경험한다. 각각의 경험과 실패를 통해 그것이 가지고 있는 원리나 체계를 스스로 융합하지 못한다. 결국 이런 각각의 수학적인 경험들이 이후에 있을 고등 수학의 고득점과 직결되기보다는 단순히 어린 시절에 하는 문제풀이에 그치고 만다. 수능 수학 1등급은 해당 과목의 개념 원리를 기반으로 한 반복된 연마. 최종적으로 모든 개념을 융합시켜서 정답을 도출시킬 수 있는 아이들에게만 가능하다. 창의사고력처럼 아이큐테스트와 같은 이런 문제들을 잘 푸는 것은 수능 수학 1등급과 무관하다.

 그렇다면 창의사고력을 시키려는 목적이 최종적으로 고등수학을 잘하기 위해서인데, 창의사고력이 고등수학을 잘하는 필수코스가 아니라면, 고등수학을 잘하기 위해서는 무엇을 해야 할까?

부모님들이 창의사고력을 시키시는 이유가 최종적으로 교과의 심화 문제를 잘 풀어서 수능 고득점을 받기 위한 목적이다. 그런데 창의사고력을 한다고 해서 수능 수학 고득점에 유리한 것이 아니라는 것을 말씀드렸다. 그렇다면 고득점을 위해서는 어떤 것이 필요할까?

질문을 드려보고 싶다. 대부분의 성인들이 초등 교과의 최상위 문제집을 초등학생보다 잘 푸는 이유는 무엇일까? 그 이유는 그들이 고등학교 이상, 혹은 대학 수학 이상의 수학을 공부했기 때문이다. 절대 학창시절 수학을 잘하거나 좋아했기 때문이 아니다. 학문을 좀 더 배웠다는 것만으로도 그 이하 과정인 심화과정을 하는 데에 큰 도움이 된다. 특별히 수학실력이 좋거나, 수학적 감이 좋아서가 아니라 단순히 공부를 많이 했기 때문이다. 이 방법은 여러 성인들을 통해 검증된 방법이다. 그렇다. 바로 평범한 아이들이 공부를 잘하는 방법이 바로 이것이다. 교과 수학을 깊이 있게 공부하는 것이 창의사고력을 하는 것보다 훨씬 도움이 되며, 심화 수학을 잘하는 방법은 심화 문제만을 가지고 씨름하는 것보다 수학의 배움의 깊이와 시야를 넓혀주는 "선행"이 더 확실한 도움이 될 수 있다. 선행학습이란 수학적 개념을 확장시켜 주는 것이다. 개념을 한 개만 알고 있는 학생보다 개념을 세 개 알고 있는 학생이 학습에 유리한 것은 당연하다. 수학 머리가 없을수록 개념을 더 확장해 가는 것이 수학실력 향상에 안정적인 방법일 수 있다.

실제로 초등학교에 입학하고, 그리고 중학교 또 고등학교에 입학한 이후에는 시간이 턱없이 부족하다는 말을 들어보셨을 것이다. 아이들에게는 주어진 시간이 생각보다 많지 않다. 그래서 선행이 필요한 것은 현실적인 이유이다.

그러나 수학적 사고력은 그 어린 나이에 시킨다고 확장되거나, 훈련을 시킨다고 단시간에 좋아지지 않는다. 차라리 막연한 희망적인 고문인 창의사고력에 유년시절부터 시간과 비용을 투자하기보다는 유년시절보다는 조금 더 늦게 수학을 시작하더라도 이후에 적절한 선행을 통해 수학적인 학문의 깊이를 학습시켜 주는 것이 오히려 확실히 도움이 되며, 어린 나이일 경우에는 책 읽기나 만들기, 기타 탐구적인 활동이 더욱 아이들에게 도움이 될 것이라고 생각한다.

그러나 이렇게 아무리 말씀드려도 어머님들은 다시 물어보실 것이다. 그래도 생각하는 힘을 기르기 위해서 어려운 문제를 풀어봐야 하는 것 아닌가요? 어릴 때부터 그렇게 훈련시킨다면 커서도 그것이 가능하지 않을까요? 수학은 그런 힘으로 발전한다고 생각하는데요?

맞다. 생각하는 힘은 수학에서 매우 중요하다. 처음 보는 문제를 풀때, 고난이도 문제를 풀고자 할 때 생각하는 힘이 길러지고, 또는 풀 수밖에 없는 강제적인 상황을 설정하여 새롭고 어려운 문제에 자꾸 노출시킴으로써 생각하는 힘을 자극시켜 주는 것은 수학에서 매우 중요하다. 그러나 생각하는 힘은 그렇게 어렸을 때 노력한다고 길러지는 것이 아니다. 공부란 스스로에게 왜 공부를 해야 하는지 설득해야 한다. 그러나 어린 나이에는 입시와는 너무도 거리가 멀기 때문에 재미가 없는 공부를 스스로에게 설득하는 데에는 한계가 있다. (이것은 단지 공부 습관을 이야기하는 것이 아니다.) 또한 수학이란 과목의 특성상 수학에서 고난이도 문제들은 보통 추론적 사고를 요구한다. 그러나 어린 나이에는 발달상 추론적인 사고가 발달되지 않는다. 그래서 그런 문제들을 풀어나가고 이해하는 과정이 매우 어렵게 느낄 수 있다. 이후에 아이가 좀 더 크면 이해할 수 있는 것들을 굳이 수능 수학과 상관도 없는 문제들에게 노출시키면서 힘들게 시켜야 할까? 그렇게 공부를 시키는 것의 효과가 효율을 높여 줄까? 공부에서 흥미란 공부를 지속할 수 있는 힘인데, 생각하는 힘을 기르고자 시킨 그런 환경들이 오히려 흥미를 제거시키는 것은 아닐까? 생각하는 힘이란 정말 입시를 준비해 나가는 과정에서 최소 초등 고학년부터 조금씩 필요한 과정이라고 여겨진다. 그러나 유아기나 초등 저학년 때는 아직 많이 이르다.

공부란 흥미가 있을 때, 해볼 만할 때, 목표가 있을 때, 난이도가 어느 정도 적절할 때 효율적이고 효과적이다. 아이에게 흥미도 없고 어렵기만 한 창의사고력이나 고난이도 문제풀이를 통해 고등 수학의 고득점으로 연결시키고자 한다면 너무 먼 길을 돌아가고 있다고 생각한다.

이해를 돕기위해 예시를 들어보자. 초등학교 2학년 학생이 있다고 해보자. 이 친구는 책 읽기도 좋아하고, 연산도 정확한 편이다. 또 창의사고력 수학을 학습시키면 또 굉장히 수학을 좋아하고 즐기는 아이이다. 그러면 이 친구는 창의사고력을 해도 좋다. 하지만 하지 않아도 괜찮다. 그 시간에 책 읽기를 시키셔도 되고, 아이가 스스로 좋아하는 어떤 활동을 시키셔도 좋다. 이번에는 초등학교 2학년 친구가 있다고 해봅시다. 이 친구는 블록 쌓는 것을 너무 좋아한다. 그러나 연산도 아직 느리고, 주도적으로 책을 읽는 것은 못 한다. 책을 싫어하거나 멀리하는 것은 아니나, 그렇다고 해서 스스로 책을 찾아 읽을 정도는 아니다. 이 아이에게 창의사고력을 시켜 보면 잘 모르는 데 답을 맞추기도 하고, 엄마가 일일이 풀어주거나 설명해 줘야 할 문제들이 꽤 있다. 이런 친구들은 과감하게 그만두시기를 권유드린다. 오히려 그 시간을 책 읽기에 몰입하게 해야 초등 고학년부터 타 과목의 밸런스가 깨지지 않는다.

따라서 이렇게 창의사고력은 옵션적인 선택적인 부분이니 절대적 필수과정이거나, 안 하면 큰일이 나는 과정이 아니다.

이것만 기억하면 된다. 진짜 입시와 연결된 수학은 고등 수학이다. 고등 수학의 밑거름을 다지는 방법은 절대 창의사고력의 영역이 아니다.

04

초등 고학년 수학-
이제부터 시작이다

수능 1등급을 위한 준비과정

 이제 초등학교 고학년이 되면, 수학은 슬슬 시동을 걸어야 하는 시기이다. 이 시기부터는 중학교 입학을 염두에 두고 있기 때문에, 집에서 공부하던 아이들도 가까운 학원을 다니기 시작한다. 그렇다면 이때 초등 고학년 수학은 어떻게 준비해야 할까? 그저 학원에서 시키는 대로만 해도 괜찮을까? 절대 그렇지 않다. 학원에서 시키는 대로만 하면 실패할 확률이 높다. 학원을 다닌다고 하더라도 어머님들께서 정확한 목적과 방향성을 갖고 계셔야 한다. 그렇다면 어떤 목적성과 방향을 갖고 있어야 할까?

초등수학이 목적인가 수능수학이 목적인가?

우리 아이들의 목적은 초등 수학을 잘하는 것이 아니라 수능 수학을 잘하는 것이 최종 목적이다. 그런데 대부분의 어머님들은 "수능 수학이 목적이긴 하지만, 초등 수학을 잘해야지 수능 수학을 잘하는 것 아닌가요?"라고 답하실 거다.

어느 정도는 맞고 어느 정도는 틀리다. 만약 어떤 두 명의 아이가 수능을 봤다고 가정해 보자. 한 아이는 초중등과정을 심화까지 꼼꼼히 하고, 고등과정은 응용 정도 공부한 친구가 있다. 반면, 초중등과정은 응용 정도로 보고 고등과정에서 심화까지 본 친구가 있다. 이 둘 중 어떤 친구가 수능을 잘 볼까?

맞다. 고등과정의 심화까지 공부한 친구가 확실히 더 수능을 잘 본다. 왜냐하면 수능 수학에서는 해당 교과과정에서 필요한 개념과 이론들을 바탕으로 문제를 만들기 때문이다. 수능 수학에서 심화의 영역의 문제들은 그런 고등과정의 영역에서 이뤄지는 개념과 이론을 바탕으로 한 것이지, 초등수학이나 중등수학의 개념과 이론이 아니라는 것이다. 다시 말해서 수능 수학의 1등급을 위해서는 고등과정에서 필요한 1등급의 임계량이 따로 있다. 이것은 초중등 수학의 심화와 별개라고 봐도 무방하다. 초등 심화를 열심히 해야 수능 수학을 잘 보는 데 도움이 되는 것이 아니라 그냥 수능 수학 과목인 2015년 교육과정 -수1 수2 미적 (22년 개정교육과정-대수 미적 확통)을 잘해야지 수능 수학을 잘 볼 수 있는 것이다.

그런데 어머님들이 가장 많이 하는 실수가 이런 생각이다. "초등 심화부터 고등 심화까지 탄탄히!!" 저는 이것을 실수라고 표현했다. 왜냐하면 이 생각은 실천하기가 어려운, 즉 처음부터 달성되기 어려운 목표이기 때문이다. 그것을 모르기 때문에 대부분의 전국의 아이들은 초등 때부터 '기초부터 심화까지'라는 목표를 가지고 탄탄히 달리기 시작한다. 그렇게 같은 출발선에서 시작을 한다. 그러나 초등 심화부터 고등 심화까지 탄탄히 가는 친구들은 정말 소수이다. 소수가 아니라 극소수이다. 그 친구들은 심화를 한다고 해도 선행의 속도에 영향을 받지 않는다. 왜냐하면 소위 머리가 매우 뛰어나거나, 수학적 감이 탁월하기 때문이다. 기본을 아주 빠르게 습득하며 심화수업을 진행하는데, 스스로 큰 어려움이 없다. 그래서 초등 심화부터 고등 심화까지 탄탄하게 하는 것이 가능하다. 그러나 대부분의 아이들은 어떨까?

초등 심화를 하다가 선행도, 현행도 속도가 빠르게 잡히지 않는다. 그래서 가장 중요한 수능 수학 1등급을 위한 고등수학의 임계량 확보를 위한 물리적인 시간 확보에 실패한다. 다시 해서 초등 심화를 겨우겨우 꾸역꾸역 탄탄히 한 열정으로 중등 심화도 겨우겨우 꾸역꾸역 탄탄히 하는 것까지는 가능하지만, 고등 심화는 그만큼 시간이 많이 더 요구되기 때문에, 고등 심화까지는 가보지 못한 채 수능장에 들어가게 된다. 그래서 결국 수능 수학의 1등급은 실패로 끝난다. 그 엄청난 대 전제는 애초부터 달성되기 어려운 목표였기 때문에, 전국의 수많은 아이들은 고등수학 1등급 달성에 실패로 끝내게 된다.

그래서 수능 수학의 1등급 실패는 어쩌면 당연한 일이다.

우리나라 수능 수학의 1등급을 받으려면 현실적으로 선행학습 없이는 1등급을 받는 것이 어렵다. 이 사실을 초등학교와 중학교 때에는 확연히 느끼지 못한다. 선행의 필요성을 절박하게 느끼는 시기는 고2와 고3 때이다. 실제로 고등학교에 진학 후에 아이들이 생각보다 시간이 더욱더 별로 없다. 또한 고등학교 진학 후 이른 등교시간으로 인해 수면과 체력이 부족하고, 전과목의 난이도가 어렵기 때문에 집중력도 많이 떨어지는 것이 대부분의 아이들의 양상이다. 또한 시험기간에 수행평가가 매우 많고, 고3 때는 자기소개서나 면접 준비 등으로 수능 공부에만 전념하기에는 어머님들이 생각하시는 것보다 더 시간이 없다. 현실적으로 특수한 경우가 아니라면, 선행학습은 수능1등급을 받기 위해서 필수적으로 필요하다. 그리고 수학이 탁월하지 않은 아이들은 선행뿐 아니라 전략이 필요하다.

수능 수학 1등급은 전략이 필요하다. 그렇다면 초등 고학년, 무엇을 본격적으로 준비해야 할까?

결론적으로 초등학교 과정은 기본 개념과 원리와 유형 정도로 마무리를 해도 전혀 무리가 없다. 물론 오답을 해야 좋다. 빨리빨리 진도만 나가라는 이야기는 아니다. 최소한 해당 단원의 70프로는 숙지해야 한다.

단원별로 자세히 따져보면, 아이들이 취약한 단원이 있고 그냥 쉽게 이해하는 단원들이 있다. 예를 들어, 초등 3학년 때부터는 분수를 , 초등 5학년 때는 최대공약수, 최소공배수, 여러 가지 사각형의 넓이, 초등 6학년 때는 비례식 비와 비율 등을 어려워한다. 이런 단원들 중에는 상위 학년과 연계가 깊은 단원이 있고 연계가 적은 단원들이 있다. 혹은 단순 연산만 알아도 되는 단원이 있다. 그런 단원은 연산 정도만 마무리시켜도 괜찮다.

초등 수학을 공부하는 목적은 중등 수학 입문 때문이다. 중등 수학에 입문하기 위한 임계량만 채워주면 문제가 없다. 다시 한번 말씀드리면, 초등 수학의 심화와 고등 수학의 성적과는 무관하다. 고등 수학은 고등 수학의 임계량을 채워야만 잘할 수 있다. 전략적으로 준비하기 위해 고등 수학의 임계량을 채우기 위한 시간 확보를 위해 초등 수학은 개념과 응용 정도로 마무리한다.

초중등 심화에 몰입하다 실패하는 학군지 이야기

실제로 학군지에서는 많은 초등학생과 중학생들이 초등 수학의 최상위 수학 등의 심화서까지, 그리고 중등 수학의 최상위 수학 등의 심화서까지 학습한다. 그러나 이 학생들은 고등학교에 진학한 후 점수가 잘 나오지 않는 것을 쉽게 볼 수 있다. 어머님들의 생각과 너무 다르지 않나? 초중등의 심화까지 학습했는데, 그렇다면 고등 수학을 잘해야 하는 것 아닌가? 왜 그럴까? 반복하여 말씀드렸듯이, 초중등 수학의 심화가 고등 수학의 1등급을 위한 임계량을 대신해 줄 수 없습니다. 그래서 현역으로 수능 1등급을 받는 것에 실패한다. 저는 이것을 너무 가까이에서 보며 '너무 안타깝다.'라는 생각을 뼛속까지 깊이 하게 되었다.

가끔씩 주변에 중학교 때까지는 수학에 두각을 나타내지 못하다가 고등학교에 올라가 수학을 열심히 해서 수능수학 1등급을 받았다고 하는 아이들을 볼 수 있다. 바로 이 아이들이 초·중등 과정을 응용 정도까지는 문제없이 공부했기 때문에, 특별히 중등까지는 탁월한 점수가 아니었지만, 고등 수학의 심화서까지 채워 나간 성공적인 케이스의 아이들이다. 또한 아이들이 초등을 마무리하고 중등 과정으로 선행을 나가게 되면, 초등 과정에서 부족하게 메꿔졌던 개념이나 문제들이 중등 선

행을 통해서 채워질 수 있기에, 다소 부족하더라도 초등 수학은 마무리
해도 괜찮다.

05

중등 수학 이야기

고등과정과 연계되는 중등과정 학습방법

    초등 수학이 끝나고 나면 중등 수학으로 들어가게 된다. 중등 수학의 목적도 중등 수학만이 아니다. 우리 아이들의 목적은 고등 수능 수학 1등급이다. 고등 수능 수학 1등급을 위해서는 임계량을 채울 시간 확보가 최우선이다. 그래서 고등 수학을 학습하기 위한 중등 수학의 임계량을 채운 후에 고등 수학에 진입해야 한다. 중등 수학에서 고등 수학과 연계했을 때, 아주 중요한 부분과 적당히 중요한 부분이 존재한다. 그런 고등 수학의 연계성을 염두하여 진행하는 것이 좋다. 다음은 연계성을 파악해서 과정별로 적어둔 것입니다.

    중등 수학의 1학기 파트와 2학기 파트로 나눠서 볼 수 있고, 1학기 파트는 연산을 빠르고 정확하게 풀 수 있는지가 초반 스퍼트를 결정한다. 아이의 최종목적지는 고등 수학인 것을 잊으면 안된다. 그래서 어떻게 하면 효율이 좋게 공부해서 고등학교 수학의 물리적인 학습시간을 먼저 확보하느냐가 1차 목표이다. 공통수학1의 과정인 중등 1학기 과정을 총정리한 과정이라고 봐도 무방하다. 그래서 중등1-1, 2-1, 3-1을 학습하면 공통수학1로 넘어갈 수 있다. 중등 과정은 1학기 과정끼리 진행한 이후 바로 공통수학1 과정으로 진입하는 것을 추천한다. 왜냐하면 공통수학1부터는 아주 오랜 시간이 투자되어야 하기 때문이다. 공통수학1을 학습하게 되면 중등 과정의 하위개념은 메꿔진다. 따라서 학생이 최종적으로 자기 학년이 되었을 때에는 본인 학년의 과정인 준심화문제에 어렵지 않게 접근할 수 있다. 그리고 선행으로 메꿀 수 없는 심화의 영역은 자기학년의 내신대비때 심화학습을 통해 메꿔가면 된다.

🧹 중등 1-1 과정

중등 과정의 입문은 생각보다 오래 걸린다. 초등학생이 중학생답게 문제를 풀려면 이제 네모보다는 소문자 x라는 기호에 익숙해져야 하고, 곱하기 기호는 모두 없어진 수학 연산 기호부터 배워야 한다. 이 과정에서 익숙해지는 방법은 단 한 가지이다. 바로 반복이다.

1단원: 소인수분해

초등학교 5-1 과정과 매우 유사하다. 초등학교 5학년 진급을 하지 않은 학생이 중등1-1 과정의 소인수분해를 열심히 하는 것은 초등5-1 과정을 선행하는 효과를 동시에 갖을 수 있다. 반면 학교 정규과정에서 초등 5학년 1학기를 이수한 학생들은 중학교 소인수분해 단원을 생각보다 어렵지 않게 지나간다.

2단원: 정수와 유리수

처음으로 마이너스의 개념을 배우기 시작하고, 음수가 포함된 숫자들의 사칙연산을 연습하는 단원이다. 아무리 어렵게 느낀다고 하더라도 반복하면 큰 문제가 없다.

3단원: 문자와 식

곱하기 기호와 나누기 기호를 생략을 연습한다. 거기에 앞서 배운 2단원의 마이너스 개념까지 누적된다. 대부분의 아이들의 멘붕이 시작된다. 방정식의 연산을 맞추는 것이 아이들에게는 난제이다. 이 난제를 겨우 겨우 넘으면 일차 방정식 활용 파트가 나온다. 아이들이 가장 어려워하는 파트이다. 산 너머 산이다. 그러나 이 단원은 원래 그렇다. 아이들에게 가장 어렵다. 이것도 반복하면 괜찮아진다. 일차방정식의 활용 파트는 1-1 과정에서 가장 시간을 많이 뺏기는 파트이다. 이 부분을 이해시키고 심화문제까지 스스로 풀기까지는 엄청 많은 시간과 공을 필요로 한다. 어쩌면 무한 반복의 영역일 수도 있다. 그러나 아이러니하게도 일차방정식의 활용과 같은 문제는 고등 과정에서는 단 한 줄도 나오지 않는다. 따라서 일차방정식의 활용을 마스터하려는 생각은 버려야 한다. 중등 역시 유형과 응용 정도의 난이도에서 마무리하는 것이 좋다.

4단원: 정비례 반비례-함수

단원의 이름은 정비례 반비례이지만 함수를 배우는 과정이고, 중등 1-1 정비례 반비례는 중등 2-1 일차함수로 연결되고, 다시 중등 3-1 이차함수로 확장된다. 이 과정은 고등 과정의 직선의 방정식과 유리식과 유리함수 단원으로 연결된다. 중등 과정의 함수를 배우는 목적은 고등 과정의 대수를 위해서라도 과언이 아니다. 그만큼 굉장히 중요한 단원이라, 중등 과정이지만 쎈B스텝의 완성도는 90프로 이상(최소 85프로 이상)으로 가져가길 권장한다.

중등 2-1

1단원: 유리수

고등 연계와는 떨어지는 단원이다. 중등 2학년 진급 전에 1학년 2학기 겨울방학 때 집중적으로 공부해도 괜찮다. 그냥 지나가기가 그렇다면 개념 정도만 한 번 익히고 가도 된다. 오답을 고치는 것으로만 완성해도 좋다. 정답률이 60프로 이상만 되면 그냥 넘어가도 상관없다.

2단원: 부등식

부등식은 아이들이 처음 배울 때나 배운 이후에도 굉장히 헷갈려 하는 부분이다. 처음 배울 때 익히려면 실수가 많은 단원이고, 배운 이후에 문제풀이에서도 어려움을 겪을 것이다. 부등식은 그런 단원이다. 조금 느리게 가더라도 부등식은 꼼꼼하게 하고 가는 것이 맞다. 고등 수학 과정과 연계가 많다. 쎈B단계 난이도와 완벽하게 쎈C단계 난이도는 70프로 이상 완벽하게 숙지해야 한다.

3단원: 연립방정식과 활용

연립방정식 단원도 연립방정식을 이해하고 연산을 통한 답을 도출할 정도만 해도 괜찮다. 그러나 빠르고 정확한 계산을 위해 반복이 필요하다. 연립방정식의 활용은 중등 1-1 일차방정식의 활용처럼 개념 정도만 이해하고 넘어가도 괜찮다. 활용 파트를 심화까지 완벽하게 하려는 것은 불가능하다. 그것이 가능한 친구라면 역량이 우수한 친구이다. 그런 친구들은 자기 학년에 가서 해도 전혀 늦지 않는다. 그러나 대부분의 평범한 아이들은 이 부분을 어려워하기 때문에, 활용 파트를 완벽하게 하려면 완벽해지지 않고 효율성만 떨어진다. 무엇보다 고등 수학과의 연계가 매우 적다.

4단원: 일차함수

일차함수는 함수의 시작이다. 일차함수를 어려워하는 아이들이 대부분 수학을 어려워한다. 그러나 중등 수학은 반복하면 나아진다. 그래서 어렵다고 겁먹지 말고 차근차근 개념과 오답을 반복하면서 완벽히 자기의 것으로 숙지해 갈 수 있도록 해야 한다. 일차함수는 고등의 기초이므로, 쎈B단계 난이도와 완벽하게 쎈C단계 난이도는 70프로 이상 완벽하게 숙지해야 한다.

3-1 과정

전 과정이 모두 다 중요하다. 3-1 과정에서 쎈B 정도 난이도와 완벽하게 쎈C 정도 난이도는 80프로 이상 숙지해야 한다. 정확도 뿐 아니라 속도까지 확인하고 가는 것이 좋다. 문제를 고민하다가 푸는 것이 아니라 보자마자 풀 수 있을 정도로 연습해야 한다. 공식과 유형이 완전히 체화될 정도로 반복하게 되면 공통수학1에서 생각보다 많이 수월하다. 반대로 충분히 연습하지 않으면 공통수학1 과정이 많이 힘들 수 있다. 따라서 쎈 정도의 문제는 완벽하게 하고 가는 게 좋다.

2학기 과정

중학교 2학기 과정은 도형파트이다. 무엇보다 전반적으로 개념이 더욱 더 중요하다. 개념을 바탕으로 문제풀이를 한다. 개념은 이해한 후 반드시 외우도록 한다. 그런데 2학기 과정은 개념과 문제풀이를 완전히 체화시킨다고 하더라도 문제풀이에서 적재적소에 자유자재로 사용하는 것이 생각보다 만만하지 않다. 그래서 선행을 통해서 이 과정을 완성하겠다고 마음먹는 순간 2학기 과정은 블랙홀이 될 수 있다. 마치 중등 1-1의 일차방정식 활용이나 중등 2-1의 연립방정식의 활용과 같다. 쎈B스텝 정도로 완벽하게 완성하는 것이 좋다. 쎈C단계의 정답률이 낮더라도 넘어가도록 한다. 2학기 과정은 한순간에 채워지지 않는다. 많은 문제풀이와 시행착오를 반복해야 한다. 또한 수능 연계율이 낮기 때문에, 너무 많은 시간을 선행으로 투자해서는 안 된다. 대신에 부족한 부분은 내신 기간에 집중하도록 한다. 또한 내신 문제가 심화문제까지 꼼꼼히 봐야 하는 지역이라면 내신 기간의 4주가 아니라 6주나, 길게는 8주까지도 두도록 하고, 부족한 부분은 선행으로 메꾸도록 한다. 잊으면 안 되는 사실은 수능연계성이 낮은 2학기 파트에 너무 많은 시간을 투자하면 안 된다는 것입니다. 잘못했다가는 수능 1등급을 위한 시간 확보에 실패할 수 있습니다. 그렇다고 심화를 하지 말라는 이야기는 아니다. 쎈C단계 이상의 문제는 제 학년 내신 기간에 좀 더 반복적으로 학습시켜 나가길 추천한다.

특히 2학기 과정은 단순히 문제풀이만을 하기보다는 반드시 개념 암기 및 공식 증명을 반복해야 한다. 개념 중심의 학습을 점검해야 하는 이유는 개념이 정확해야 문제풀이가 가능한 과정이 2학기 과정이기 때문이다. 또한 고등 수학에서 중등 기하파트는 개념 정도만 쓰일 때가 많다. 즉, 문제에서 물어보는 교과과정은 고등 과정인데, 그 문제를 풀어내는 과정에서 약간의 중등 기하 개념이 필요한 정도가 많다. 때문에 개념만큼은 암기를 통해서 확실히 알고 갈 것을 추천한다.

그렇게 중등 수학을 마무리하고 고등 수학으로 진입하면 된다. 그렇다면 여기서 보통 2가지 질문이 예상된다.

첫 번째 질문은 이렇게 "고등 수학의 진도를 빼도 무리가 없나요?"

두 번째 질문은 "중등 심화는 안 해도 괜찮나요?"

첫 번째 질문부터 살펴보겠다. 중 1-1 함수, 중 2-1 함수, 중 3-1 전 과정의 응용 정도까지의 난이도만큼은 확실하게 익힌 후 고등과정으로 넘어간다면 괜찮다. 이때 고등과정이 막힐 수도 있는데, 이것은 고등과정을 학습할 때 당연히 일어나는 일이다. 절대 구멍이 많아서 일어나는 일이 아니다. 그러니 다시 돌아가서 구멍을 메꾸지 않으시기 바란다. 공통수학1 과정을 열심히 한다면 중등 과정의 구멍이 있다고 하더라도 어느 정도 메꿔지고 만다. 그러니 고등 과정을 잘 준비하시면 된다.

두 번째 질문, "그렇게 넘어간다면 중등 심화는 언제 하나요?"

이 질문을 살펴보자.

중등 심화 과정과 고등 선행의 과정은 일부는 연계성이 있고 일부는 무관하다. 고등 선행의 목적은 수능이거나 고등 내신이고, 중등 심화의 목적은 중등 내신이다. 따라서 고등 선행은 고등 때를 위해서 장기적으로 준비해서 나가면 된다. 그러나 중등 심화 과정은 중등 내신을 위해서는 반드시 준비해야 한다. 만약 학군지처럼 비교적 시험문제가 어렵다면 중등 내신기간에는 4주~6주를 집중해서 대비하도록 한다. 그러나 비학군지거나 시험수준이 평균 안팎이라면 준심화 정도의 문제집까지는 꼼꼼하게 오답까지 반복해서 공부한다.

다시 정리하자면 고등 수학 1등급의 물리적 시간 확보를 위해서 중등 심화로 채우느라 선행의 효율성을 떨어뜨리는 일은 하지 말아야 한다. 중등 심화와 고등 수학의 1등급은 방향과 목적성에서 다르다는 것을 바르게 인식하고 전략적으로 중등 심화는 내신 때 집중적으로 공부한다. 그리고 그 외의 기간에는 효율성을 높인 중등 선행을 마무리한 후 본격적으로 고등 선행을 준비한다.

06

고등 수학 이야기

고등 수학 학습법 및 고3 1등급 만들기 비법

모두가 고등 수학을 어려워하는 것은 너무도 당연한 일이다. 고등수학이라 그렇다.

고등수학부터는 중등수학처럼 순탄하지 않을 것이다. 그러나 그 이유를 중등수학의 구멍으로 인식하서는 안 된다. 고등수학은 누구나 그렇다. 원래 그렇다. 그렇다면 고등 수학은 어떻게 준비해야 할까?

고등학교 수학을 공부할 때에는 개념서 한 권을 단권화하여 여러 문제집을 풀기보다 한 문제집을 확실하고 완벽하게 내 것으로 만들고 나서 다음과정을 시작하기를 추천한다. 실제 고등 수학은 임계량을 채우는 데 매우 오랜 시간이 걸린다. 개념서 1권을 1회 독이 아니라 2, 3, 4회 독 혹은 5회 독 이상까지도 하여 한 학기에 들어있는 개념과 기본유형들을 완벽하게 마스터할 수 있는 것이 가장 좋다. 소위 개념원리라고 하면 그 안에 기본개념이 모두 들어있고 기본유형이 있으며, 연습문제 쪽으로 들어가 보면 생각보다 쉽지 않다. 고등 수학은 중등 수학처럼 쉽지 않기 때문에 여러 권의 책을 보는 것이 중학교 때처럼 용이하지 않다. 또한 여러 권의 책을 보고 다시 오답을 돌리기보다는 개념원리 한 권 정도는 5회 독 이상 함으로써 모든 개념과 유형과 기본적인 응용문제 정도는 모두 마스터한 다음 과정을 넘어가기를 추천한다.

공부를 잘하는 아이라고 하더라도 개념원리정도의 개념서의 오답을 완벽하게 마스터하지 않고 쎈, 일품, 고쟁이 등을 푼다고 조급한 마음에 따라가서는 절대 안 된다. 개념서가 완벽하게 숙지가 되지 않은 상태에서 유형서로 들어가면 결국 개념서에서 해결이 안 된 문제들, 즉 오답들이 똑같이 쌓인다. 여러 문제집을 풀려고 하는 것이 중학 과정처럼 쉽지 않기 때문에, 한 권의 책의 완성도를 높여가는 것이 바람직하다.

그렇게 공통수학1, 공통수학2를 진행하고 대수와 미적분1 확통을 동일하게 진행한다. 그런데 여기서 수능과목에 해당하는 대수와 미적분1 확통은 조금 다르다. 기존에 개념서를 완벽하게 마스터하는 방법은 같으나, 개념서에서 끝나지 않는다. 반드시 다음 레벨의 문제집으로 진행한다. 그리고 그 문제집을 다시 완벽해지도록 n차 오답을 진행한다. 그렇게 수능 수학 심화서의 임계량을 채워야 한다. 시중 문제집의 순서는 다음과 같다. 개념원리 → 유형서:쎈B →, 고쟁이, 1, 2스텝 →

일등급 수학. 이런 난이도의 스텝으로 진행해 주면 좋다. 학년이나 나이에 따라서 문제집의 두께를 보고 이 중에 3권 정도를 골라서 꼼꼼하게 진행하기를 추천한다. 만약 학년이 어리면 시간적 여유가 있으므로 5권 정도를 봐도 괜찮다. 그리고 일반적으로 선행을 할 때 절대 블랙라벨을 풀지 않는다. 이것은 최상위권 아이들이 내신을 할 때, 모든 임계량이 채워졌을 때 푸는 것이지, 수능 수학 1등급을 위해서 푸는 문제집이 아니다. 고쟁이 3스텝도 아이들에게는 아주 어렵다. 그렇게 시중의 문제집으로 수능 과목에 해당되는 대수, 미적 확통을 공부했다면 모의고사 기출서로 넘어가는 것을 추천 한다. 모의고사 기출은 당연히 수능을 봐야 하는 학생들이면 공부해야 할 필독서이다. 실제로 일품이나 블랙라벨보다 아이들에게 수능에 도움이 되고 당연히 풀어야 할 임계량이기도 하다. 자이스토리나 마더텅 같은 기출서를 풀어 수능 필수유형에 익숙해져야 한다. 기출문제 역시 한 번 푸는 것이 아니라 오답을 꼼꼼하게 풀도록 한다. N차 오답을 해도 좋다. 기출서를 완벽하게 이해하고 체화하도록 한다. 이렇게 반복하면서 고2 모의고사 기준으로 최소 안정적인 2등급이 나오는지 확인해야 한다. 안정적인 2등급이 나오지 않으면 해당과정의 시중 문제집 심화서를 돌리는 것이 좋다. 풀었던 문제집을 다시 보기가 식상하다면, 풀지 않았던 심화서를 골라서 다시 한번 임계량을 채워간다. 이렇게 수능과목의 임계량을 채워야 한다. 제대로 공부했다면 고2 모의고사 기준 2등급은 나온다. 정말 수학머리가 없는 친구들도 이런 반복으로 탄탄하게 쌓아왔다면 2등급은 나올 수 밖에 없다. 나오지 않을 수가 없다. 나오지 않는다면 취약 단원을 반복하거나, 풀었던 문제집들의 오답을 다시 한번 꼼꼼하게 메꿔야 한다. 반복을 통해서 고2 모의고사 1등급이 나오는 것을 확인한다.

수능 수학 1등급을 실패하는 이유는 물리적 시간확보의 실패이다.

그것을 방지하기 위한 방법은 효율적인 로드맵을 찾는 것이다. 그 효율적인 로드맵이 바로 좀 전에 소개해드린 방법이다. 그러나 심화영역에 대한 불안이 어머님들 마음에 존재할 것이다. 그래서 다음과 같은 방법으로 중등심화를 메꿔가고 공통수학1.2의 심화영역도 메꿔가시길 추천드린다.

1) 고등선행을 하면서 중등과정의 빠른 선행이나 중등과정의 심화문제에 대한 불안을 방지하는 방법은 주1회 정도는 중등수학을 자기 페이스에 맞춰서 진행하는 것이다. 주2회나 주3회는 고등수학을 하지만 주1회 정도는 중등수학 쎈 일품 이런 문제들을 꾸준히 푸는 것도 매우 도움이 될 것이다.

2) 공통수학1과 공통수학2의 심화과정 역시 자기 학년의 내신대비 때 준비하거나, 중3 기말고사 시험 이후 준비하는 것이 효율면에서 유리하다. 그래서 공통수학1과 공통수학2의 심화과정은 중3 기말이후와

고1 내신 때 준비 한다.

이제 고3 모의고사 1등급을 위하여

시중에 나와 있는 문제집과 기출서로 완벽하게 마스터를 했다면, 고2 모의고사 기준 1등급이 나오고, 역량이 조금 부족하더라도 고2 모의고사 2등급이 나온다. 아무리 평범하고, 아무리 수학 머리가 없는 친구들이라도 반드시 이 과정을 거치면 점수가 오르게 되어 있다. 저는 많은 아이들을 지도하면서 이 과정을 반복시킴으로써 점수가 올라가는 것을 지켜봤다. 여기까지는 차곡차곡 탄탄히 채워가면 할 수 있다.

그러나 고3의 등급을 만들기 위해서는 다시 한번 전략을 바꿔야 한다. 안정적인 2등급, 혹은 불안전한 1등급이 나오기 시작하면 상위권 학생들에게 가장 적합한 H 강의 O런을 수강하도록 한다. 아마도 기출 문제까지 풀었던 친구들이기 때문에 본인의 풀이와 해당 강사의 풀이를 비교 분석할 수 있다. 최적화된 풀이나 스킬들을 이제는 이해하고 자기 것으로 만들 수 있다. 그렇게 다시 한번 개념과 문제풀이로 1등급을 위해서 다지고 올라가야 한다.

또 수능 1등급까지 완성이 되었다고 한다면 이제는 다시 한번 전략을 바꿀 필요가 있다. 바로 변형 문제이다. 시간 안에 변형된 문제까지도 풀 수 있는 능력을 길러야 한다. 그래야 실전에서 안정적인 1등급이 가능하다. 실전에서 안정적인 1등급은 생각보다 쉽지 않다. 여러 가지 변수들이 작용하기 때문에, 변형문제와 시간 안에 푸는 것이 가장 중요하다. 1등급으로 완성이 되어갈 때 많은 아이들이 학원을 정리하고 혼공으로 많이 빠진다. 부족한 부분을 혼자 공부하고자 한다. 물론 나쁘지 않다. 여러 가지 리스크를 최소화하기 위해서 수능 2개월 전부터는 시간 내에 모의 수능시험을 보고, 가능하다면 변형 문제를 풀 수 있는 학원이나 컨텐츠를 이용하는 것이 혼공하는 것보다 훨씬 유리하다.

혼자 공부하는 것이 나쁘지는 않으나, 실전감각을 기르는 것이 어렵고 혼자 공부하는 매너리즘에 빠질 수 있다. 또한 상대적으로 최적화된 풀이와 최적화된 변형문제 대비를 한 친구들과 혼공한 친구들은 결과에서 차이가 날수 밖에 없다. 또한 심리적인 안정감을 위해 실전처럼 공부하는 것이 생각보다 큰 도움이 된다.

선행없이는 불가능한
고등수학 1등급의 임계량을 인정하자

실제로 고등 수학 1등급을 받을 수 있는 공부의 임계량은 생각하는 것보다 양이 많다. 이 과정을 고등학교에 와서 완성시키는 것은 처음부터 불가능에 가깝다. 따라서 기왕 초등학교 때부터 수학을 공부하는 목적을 대입 수능으로 정확히 목적화했다면, 초중등 수학의 완성을 위해 힘쓰는 일에 힘을 조금 빼셨으면 한다. 초중등은 응용 정도로 마무리하고 고등 수학의 임계량을 채워가면서 최종 목적인 고등 수학의 1등급을 만들어 가도록 전략적으로 준비한다면 평범한 우리 아이도 1등급을 받을 수 있다. 그러나 우리는 기억해야 한다. 평범한 아이는 분명 시간이 필요하다. 그리고 반복이 필요하다.

07

수능 1등급을
채우기 위한 시간 계산법

고등 수학에만 투자되어야 할 물리적 시간은?

실제로 수능을 보는 과목은 3과목이다. 각 과목별로 3과목에 대한 수능 심화가 필요하다. 갑자기 기본도 숙지가 되지 않은 친구가 심화 문제를 풀어내는 것은 어렵다. 그래서 심화를 위한 단계별 공부법이 필요하고, 이 과정에 대한 시간이 투자되어야 한다.

실제 수능 1등급을 위해 필요한 시간과 수학 1등급을 임계량을 채우는 데 필요한 물리적인 시간이 얼마나 필요할까?

고1-1 과정: 기본 3개월, 응용 3개월, 고1-2 과정: 기본 3개월, 응용 3개월, 고2-1 과정: 기본 3개월, 응용 3개월, 응용심화 4개월, 고2-2 과정: 기본 3개월, 응용 3개월, 응용심화 4개월, 고3-1 과정: 기본 3개월, 응용 3개월, 응용심화 4개월, 이렇게 총 42개월(3년 6개월)이 필요하다.

중 고등과정에서 내신 대비기간이 학년별로 매년 총 4개월이 필요함으로 그 기간을 제외한다면 매년 수학 선행에 투자할 수 있는 개월 수는 최대 8개월이다. 42개월을 확보하기 위해서 5년 2개월이 필요하다. 그렇다고 가정한다면 늦어도 중2 때에는 고등 선행에 들어가 줘야 하고, 조금 시간적 여유를 고려한다면 중1 때에는 고등 선행이 시작되어야 한다. (이 계산법에는 변형문제를 대비할 시간은 제외했다.)

제가 가정한 기준치는 일반적으로 평범한 학생이 고1 과정은 기본에 가까운 응용을 시작으로 고2 과정부터는 심화까지 공부하는 것이다. 아이들에 따라서 '수학이 많이 부족하다.'라고 여겨지면 반드시 이 시간을 더 늘려야 한다. 42개월이 아니라 52월이 투자 되어야 하는 것이다. 그 이상의 수학 시간 투자는 현실적으로 어렵기 때문에 이 아이는 수능 1등급은 어려울 것이고, 그렇다면 수능 2등급을 목표로 이 과정을 진행해야 한다. 무조건 아이가 1등급을 받아야 한다고 등급 만들기 과정에 대한 물리적인 시간을 5년을 7년으로, 10년으로 늘릴 수는 없다. 공부는 스스로 욕심내서 본인의 의지로 열심히 해야 성과가 나기 때문에, 막연히 늘린다고 결과가 나오는 것은 아니다.

실제로 개념서와 유형서에서 쎈이나 고쟁이, 일등급 수학 등 많은 문제집들의 문제들은 거의 비슷한 내용을 공통적으로 담고 있다. 그래서 한 문제집에서 오답이 나온 문제집은 다른 문제집을 풀더라도 오답이 나올 수밖에 없다. 물리적인 시간이 확보된 초등학생들도 고등선행을 할때 만큼은 개념서 한 권은 완벽하게 마스터하고 다음 학기 선행을 하기 바란다. 어머님들은 '그 한 권을 그렇게 계속 보는 것이 너무 아깝다. 뭔가 하고 있는 것 같지 않다.'고 충분히 생각하실 수 있다. 그러나 개념도 정확히 모르는 상태에서 문제풀이는 오히려 시간낭비일 수 있다. 또한 어머님들이 생각하시는 것보다 고등수학은 더 어렵다. 그래서 더 깊이 반복하며 자기 것으로 체화시킬 시간이 충분히 확보되어야 한다.

그렇게 개념서가 완독이 되고 나면 다음 스텝은 다음 단계의 문제집을 완독하는 것이다. 이때 문제풀이가 생각보다 어려울 수도 있고, 자꾸 막힐 수도 있고, 오답이 많을 수도 있다. 그렇다고 해서 다시 개념서로 무작정 또 돌아가기보다는 문제풀이에 익숙해지고, 또 문제풀이에서 계산 실수나 사고의 오류 등을 잡아간다. 어렵다고 포기하면 안 된다. 수능 수학 1등급의 첫 스텝은 바로 이렇게 시작하는 것이다. 지금 가는 방법이 맞다는 확신을 가지고 가면 된다.

08

과외 vs 강의식 학원 vs 개별맞춤식 학원 중 어디를 선택할까?

내 아이의 성적에 맞는 공부방법 찾아보기

과외나 개별 맞춤식 학원, 강의식 학원 모두 각기 장단점이 있다. 어떤 학생들에게 도움이 될까 살펴보겠다. 우선 과외는 소위 성적대가 극상위권이나 최하위권 학생들에게는 어떤 학원보다 좋다. 스스로 공부량이 굉장히 많고, 일정 질문만 선생님이 받아줘도 되는 경우에 아주 적합하다. 학원을 기준으로 하였을때 공부량이 학원보다 많거나 공부량이 학원보다 적은 경우에 적합하다. 그러나 대부분의 아이들에게는 너무 편안한 환경에서 편안하게 공부하다 보니, 그 학생만 봐준다는 장점이 오히려 단점이 될 수 있다. 보통 어머님들이 잘못 생각하시는 부분이, 내 아이만 봐주면 좋을 것이라고 생각하지만, 실제로 학원처럼 학업 분위기와 더불어 강제성이 있는 면학분위기를 조성하는 것이 공부량이 절대적으로 많을 수밖에 없다. 그러나 극상위권이나 최하위권 학생들은 그런 학원의 공부량보다 절대적으로 작거나 절대적으로 더 많기 때문에 과외식 방법에서 더 높은 만족도를 보일 수 있다.

강의식 학원은 다 같이 같은 진도를 나가다 보니, 이해도에 분명한 차이가 있을 수밖에 없다. 그 이해도에 따라 수업에 잘 따라가는 친구가 있고, 수업에 못 따라가는 친구가 있다. 그런 편차에도 불구하고 다 같이 진도를 나감으로 정해진 진도를 끝내고 정해진 양을 끝내야 하는 것이 장점이자 단점이다. 대부분의 어머님들이 판서 수업을 지향하는 것은 선생님의 설명을 많이 받는 것이 좋을 것이라는 생각에서이다. 일정 부분 맞고, 일정 부분 틀리다. 선생님의 설명을 많이 받는 것이 도움이 되려면, 우선 수학은 그 해당 개 념이나 문제가 아이의 입장에서 궁금해야 한다. 진도를 나가는 순간 이해가 잘 되어야 하고, 과제를 반드시 해야 하고, 과제에서 틀린 문제나 잘 안 풀리는 문제의 원인이나 풀이 방법 학생 입장에서 궁금해야 한다. 또한 선생님의 설명을 따라가고 집중할수 있는 집중력과 청해력도 뒷받침 되줘야 한다. 그것이 가능한 친구들은 판서 수업에 적합하다. 다시 말해 본인이 소화할 수 있는 양과 강의식 수업의 속도와 양의 적절한 밸런스가 중요하다. 그러나 그렇지 못한 경우가 발생할 수 있으므로 확인하는 것이 필요하며 소화 할 수 있는 양인지를 체크 해 보는 것이 중요하다.

개별식 수업은 개인별 맞춤으로 진행이 된다. 여기에도 장단점이 있다. 우선 누군가와 맞추지 않아도 되기 때문에, 숙제에 대한 강제성이 없다. 또 진도 역시 누군가와 맞추지 않아도 되기 때문에, 진도에도 강제성이 없다. 진도 계획이 없거나 숙제에 대한 강제성이 없으면 개별식 수업 역시 아이의 학습계획과 의욕에 따라 많은 영향을 받을 수 있다. 그럼에도 불구하고 개별식 수업의 장점이 있다. 수학은 빠른 선행과 빠른 진도로 완성되는 과목이 아니다. 때문에 수학문제들을 체화할 수 있는 시간을 스스로 가질 수 있는 데 많은 도움이 된다. 실제 수능 수학 2등급까지는 스킬보다는 스스로 많이 풀어보면서 고민하는 시간 투자가 필요하다. 평범한 학생들은 선행을 할 때 개념부터 준심화까지 순탄하게 진행되지 않는다. 고민하고 체화할 시간이 필요하다. 그때 개별식 수업은 판서 수업보다 스스로 자기 체화할 수 있는 시간을 제공할 수 있다. 따라서 진도를 뺀 이후에 선생님의 관리나 도움을 통해 반복을 통해서 체화할 시간이 필요한 친구들이나, 판서 수업의 이해도를 빠르게 따라갈 수 없는 친구들은 개별식 수업을 통해 자기 공부시간을 만들어 가는 것을 추천한다. 그렇게 일정한 임계량을 다 다져놓고, 그 이후에는 스킬이나 더욱 최적화된 문제풀이를 위해서 강의식 수업으로 이동하기를 추천한다.

마지막으로 우리가 놓치지 않아야 할 중요한 부분은 중등과정이나 고등과정의 내신기간에는 충분히 해당 학년의 과정에서 준 심화 혹은 심화까지는 꼭 다루면서 진행하기를 추천한다. 이런 로드맵은 절대 얇은 선행을 권장하는 내용이 아니다. 절대 얇은 선행으로는 수능수학1

등급을 받을 수 없다. 단지 중등과정과 고등과정이 일맥 통하기도 하고, 또 연결이 끊긴 부분이 있으니 중등과정과 고등과정의 효율성을 위해서 로드맵이 필요하다는 것이다. 고등과정은 어렵기 때문에 시간투자가 많이 필요하다. 따라서 고등수학 임계량을 위한 시간을 확보하기 위해 중등과정에서 효율 있는 로드맵이 가장 필요하다.

많은 학생들이 초등부터 수학을 시작하지만, 고등과정에서 결국 실패하는 이유가 힘과 방향성의 문제라고 생각한다. 목적을 좀 더 분명히 하고, 방향성을 정확히 정하고 진행한다면 평범한 아이도 유아기부터 시작하지 않아도 사고력수학을 하지 않아도 누구나 수능 수학 1등급이 가능하다.

PART 4

성공적인 학습을 위한
환경조성과 동기부여

학습 환경, 어떻게 최적화할 수 있을까?

집중력과 창의력을 높이는 공부 공간 셋업 가이드

'구슬이 서 말이라도 꿰어야 보배'라는 말이 있다. 학습 능력과 잠재력이 있더라도 충분한 시간이 투자되지 않으면 지식은 온전히 쌓일 수 없다. 그래서 학습의 완전한 성공을 위해서 최적의 학습 환경을 조성하는 것은 매우 중요하다.

특히 학생에게 익숙한 장소인 방이나 교실 이외의 장소에서 최적의 학습 환경을 만들기 위해서는 다양한 요소를 고려해야 한다. 이번 파트에서는 방, 교실 이외의 학습 환경에 대한 내용을 주요하게 다루어 보려고 한다.

거실에서의 학습

거실을 학습 공간으로 활용해보자

거실은 가족이 함께 시간을 보내는 공간이지만, 공부하는 장소로 활용하면 의외로 큰 장점이 있다. 아이들이 방에서 혼자 공부할 때보다 거실에서 공부하면 부모와 자연스럽게 대화할 기회가 많아지고, 정서적으로도 안정감을 느낄 수 있다. 부모가 옆에서 조용히 책을 읽거나 함께 시간을 보내면, 아이는 공부를 강요받는 것이 아니라 자연스럽게 집중하는 습관을 들일 수 있다. 이러한 환경은 단순히 성적을 올리는 것뿐만 아니라, 아이가 건강한 마음으로 사춘기를 보낼 수 있도록 돕는 역할도 한다.

거실 학습, 자연스럽게 시작하는 방법

그러나 갑자기 "오늘부터 거실에서 공부하자!"라고 하면 아이들은 거부감을 느낄 수 있다. 변화는 서서히 이루어져야 하며, 처음부터 공부를 강요하기보다 거실을 자연스럽게 활용할 수 있도록 유도하는 것이 중요하다.

첫 단계로, 아이들이 부담 없이 거실에서 시간을 보낼 수 있도록 가족과 함께하는 활동을 늘려보자. 예를 들어, 게임을 좋아하는 아이라면 컴퓨터를 거실에 두고 함께 게임을 즐기는 것도 방법이 될 수 있다. 이 과정에서 가장 중요한 것은 부모와 아이 사이에 충돌이 생기지 않도록 먼저 아이의 입장을 이해하는 것이다. 아이가 거실을 공부 공간이 아닌 편안한 공간으로 받아들일 수 있도록 친밀감을 쌓아가는 것이 우선이다.

친밀감이 쌓인 후, 대화를 통한 자연스러운 학습 전환

거실에서의 친밀감이 형성되었다면, 다음 단계는 대화를 통한 소통이다. 서로의 생각을 나누다 보면 아이들은 안정감을 느끼고, 거실에서 공부하는 것에 대한 거부감도 점차 줄어든다.

이때 가장 효과적인 방법은 온 가족이 함께 학습하는 분위기를 조성하는 것이다. 부모가 거실에서 독서를 하거나 업무를 보고, 형제자매가 숙제를 하는 등 아이와 비슷한 활동을 하면 자연스럽게 공부하는 공간으로 인식하게 된다. 이는 '공부를 해야 하는 곳'이 아니라 '함께 시간을 보내면서 집중할 수 있는 공간'이라는 인식을 심어주어, 강요 없이도 학습에 몰입할 수 있도록 돕는다.

학습 습관 정착을 위한 규칙 설정

거실에서 공부하는 것이 익숙해지면, 이제 규칙을 세워 책임감을 부여하는 것이 중요하다. 예를 들어, 학습 시간과 휴식 시간을 명확히 정하고, 이를 모두가 지키는 시스템을 도입하면 아이들은 규칙적인 학습 습관을 형성할 수 있다.

이러한 과정이 반복되면, 거실에서의 학습은 점차 자연스럽게 일상

화될 것이다. 아이들에게 거실은 단순히 쉬는 공간이 아니라, 가족과 함께 공부하고 성장하는 중요한 공간으로 자리 잡게 된다.

학습 공간으로 거실을 조성하는 인테리어

거실을 학습 공간으로 변신시키는 인테리어는 아이의 학습 효율성을 높이는 동시에 가족 모두가 편안하게 사용할 수 있는 공간으로 유지하는 것이 중요하다. 지금부터는 학습을 위한 거실 인테리어에 대한 몇 가지 팁을 소개하려고 한다.

(1) 학습 공간 구분하기

거실에서 공부할 때 가장 중요한 것은 공간을 아이의 학습 스타일에 맞게 조정하는 것이다. 단순히 책상을 놓는 것만으로는 부족하다. 학습 활동에 따라 공간을 구분하면 집중력이 높아지고, 공부에 대한 거부감도 줄어든다. 예를 들어, 인강을 듣는 공간, 암기를 위한 자리, 문제를 푸는 코너를 나누어 두면 아이가 필요한 활동에 따라 자연스럽게 책상을 활용할 수 있다. 이때, 아이와 함께 어떤 공간을 어떻게 활용할지 미리 정하고, 사용하면서 조금씩 조정해 나가는 것이 중요하다.

또한, 조명은 학습 집중력에 큰 영향을 미치므로 책상 위에 적절한 밝기의 조명을 두는 것이 좋다. 필기 도구나 포스트잇도 가까운 곳에 배치해 언제든 기록할 수 있도록 하면 아이가 공부하는 과정에서 불편함을 덜 느낄 것이다. 무엇보다 의자는 장시간 앉아도 편안해야 한다.

키와 체형에 맞지 않는 의자는 자세를 망치고 쉽게 피로감을 느끼게 한다. 약간 비용이 들더라도 인체공학적으로 설계된 의자를 선택하면 아이가 좀 더 편안한 환경에서 공부할 수 있다. 작은 변화만으로도 학습에 대한 태도가 달라질 수 있다.

(2) 거실의 본래 기능 유지하기

거실은 학습 공간이기도 하지만, 가족이 함께 모여 소통하는 중요한 장소다. 따라서 학습 공간으로 조성하더라도 거실 본래의 기능을 유지하는 것이 중요하다.

예를 들어, 아이가 공부를 마친 후에는 가족이 편안하게 쉴 수 있도록 학습 도구를 바로 정리하는 습관을 들이면 좋다. 책상 옆에 책장이나 서랍을 두어 학습 도구를 쉽게 정리할 수 있도록 하면 공간이 깔끔하게 유지된다. 또한, 거실의 소파나 테이블 같은 가구는 그대로 두어야 한다. 그래야 거실이 공부만을 위한 딱딱한 공간이 아니라, 가족이 함께 시간을 보내는 따뜻한 장소로 남을 수 있다. 학습과 휴식이 조화를 이루는 공간이 되어야 아이도 부담 없이 거실에서 공부할 수 있다

(3) 독립적인 공간 마련하기

아이들이 항상 가족과 함께 공부하고 싶어하는 것은 아니다. 때로는 조용한 공간에서 혼자 집중하는 시간이 필요할 때도 있다. 이런 경우, 거실 한쪽에 파티션을 설치하거나 칸막이 책상을 배치해 작은 개인 학

습 구역을 만들어 주면 좋다. 이렇게 하면 가족과 같은 공간에 있으면서도 독립적으로 학습할 수 있는 환경이 조성된다.

또는 거실 한구석에 조용한 독서 공간을 마련해 아이가 책을 읽거나 생각에 잠길 수 있도록 해주는 것도 좋은 방법이다. 여기에 폭신한 1인용 소파나 편안한 의자를 놓으면 아이가 자연스럽게 그 공간을 활용하게 된다.

파티션을 사용할 경우, 완전히 차단된 느낌이 들지 않도록 중간 높이의 파티션을 선택하는 것이 좋다. 이렇게 하면 아이가 학습에 집중하면서도 가족과의 연결감을 유지할 수 있어 부담 없이 공부할 수 있는 환경이 만들어진다.

(4) 인테리어 톤과 분위기 설정하기

거실에서 공부할 때는 시각적 피로감을 줄이는 것이 중요하다. 인테리어 색상과 조명은 학습 환경에 큰 영향을 미치므로, 밝고 따뜻한 톤의 색상을 활용해 편안한 분위기를 조성하는 것이 좋다. 벽이나 가구를 부드러운 색감으로 배치하고, 자연광이 충분히 들어올 수 있도록 커튼이나 블라인드를 조절하면 집중력을 높이는 데 도움이 된다.

낮에는 자연광이 가장 좋지만, 밤에는 눈에 부담이 가지 않도록 부드러운 조명을 사용하는 것이 중요하다. 스탠드 조명이나 간접 조명을 활용하면 눈의 피로를 줄이면서도 집중력을 유지할 수 있다. 작은 시각적 변화만으로도 학습 환경이 더 효율적으로 바뀔 수 있다.

(5) 정리 정돈과 미니멀리즘

깔끔하게 정돈된 학습 공간은 아이의 집중력을 높이는 데 큰 도움이 된다. 책상 위에는 학습에 꼭 필요한 물건만 두고, 나머지는 서랍이나 책장에 수납할 수 있도록 충분한 공간을 마련하는 것이 좋다. 불필요한 물건이 시야를 방해하지 않도록, 가능한 한 미니멀하게 공간을 구성하는 것이 효과적이다.

거실을 이렇게 정리된 학습 공간으로 바꾸면, 아이는 안정감있는 환경에서 집중할 수 있다.

(6) 정서적, 심리적으로 안정적인 환경 조성

가정에서의 학습 분위기는 아이의 성과뿐만 아니라 공부에 대한 태도까지 좌우한다. 단순히 "공부를 열심히 해야 한다"는 말을 반복하기보다, 아이가 학습 과정에서 겪는 어려움과 좌절을 함께 나누는 것이 훨씬 중요하다. 이때 부모가 비난하거나 지적하기보다는, 작은 성취도 인정하고 칭찬해 주면 아이는 자신감을 얻고 스스로 동기를 찾게 된다. 공부를 혼자만의 싸움이 아니라, 함께 성장하는 과정으로 느끼도록 도와주는 것이 핵심이다.

특히 거실에서 공부할 때, 부모는 '감시자'가 아니라 함께하는 '동반자'가 되어야 한다. 아이가 집중하는 동안 부모가 옆에서 책을 읽거나 조용히 일을 하면, 별다른 말 없이도 자연스럽게 공부에 집중하는 분위기가 만들어진다. "공부 좀 해!"라고 잔소리하는 것보다, 부모도 함께 무언가에 몰두하는 모습을 보이는 것이 훨씬 효과적이다. 중요한 것은 아이가 스스로 책임감을 가지고 공부하도록 돕는 것이다. 부모가 지나치게 간섭하거나 통제하면 오히려 부담을 느끼고 반발할 수 있다.

또한, 아이와 대화할 때는 감정적으로 반응하기보다 먼저 공감해 주는 것이 필요하다. 아이가 학습 중 스트레스를 받을 때 "이 정도도 못해?"라고 하기보다는, "이 부분이 어려운가 보구나. 어디가 막히는지 같이 한번 살펴볼까?"라고 말해보자. 차분하고 따뜻한 어투는 아이가 마음을 열게 하고, 학습에 대한 부담을 덜어준다. 반면, 짜증 섞인 말투나 비교하는 태도는 아이의 자신감을 꺾고 공부 자체를 싫어하게 만들수 있다는 점을 꼭 기억해야 한다.

공부에 대한 대화도 방식이 중요하다. "공부 열심히 해!"라는 압박보다는 "어떻게 하면 더 재미있게 공부할 수 있을까?"라고 물어보면, 아이는 자신만의 방법을 찾아가는 과정을 경험하게 된다. 이때 부모는 해결책을 강요하는 대신, 아이의 생각을 존중하며 함께 고민하는 조력자가 되어야 한다. 이렇게 하면 아이는 작은 성취도 의미 있게 받아들이고, 공부를 단순한 의무가 아니라 스스로 성장하는 기회로 인식하게 된다.

또한, 아이가 문제를 풀다가 막힐 때 "왜 이렇게 못 하니?"라고 묻기보다는, "어디서 막혔어?"라고 물어보는 것이 좋다. 아이가 스스로 문제를 분석하고 해결하려는 태도를 기를 수 있도록, 부모는 옆에서 응원하고 도와주는 역할을 하면 된다. 결국, 공부는 성적이 아니라 아이가 스스로 생각하고 해결하는 힘을 기르는 과정이다. 부모가 그 길을 함께 걸어준다면, 아이는 공부에 대한 부담을 덜고 더 주도적으로 학습할 수 있을 것이다.

스터디카페(독서실)에서의 학습

요즘 아이들은 학원이나 도서관뿐만 아니라 스터디카페에서 공부하는 것을 선호하는 경우가 많다. 부모님 세대에는 조용하고 엄격한 분위기의 독서실이 일반적이었지만, 요즘 스터디카페는 좀 더 자유롭고 편안한 분위기 속에서 공부할 수 있는 공간으로 자리 잡았다.

필자가 직접 운영하는 스터디카페에서의 경험을 바탕으로, 아이들이 스터디카페에서 효율적으로 공부할 수 있도록 부모님이 어떻게 관리하고 도와줄 수 있을지 몇 가지 팁을 공유하려고 한다. 단순히 공부하러 간다고 안심하기보다, 아이가 스터디카페를 어떻게 활용하는지 살펴보고, 학습 효과를 높일 수 있도록 적절한 가이드가 필요하다.

스터디카페, 정말 공부에 도움이 될까?

"안하는 것보다 낫겠지!"라고 위안을 삼는 것보다는 냉정하게 바라볼 필요가 있다.

스터디카페를 이용하는 학생들은 크게 두 부류로 나뉜다. 정말 집중해서 공부하는 학생과 시간만 보내고 오는 학생이다. 특히 무인 스터디카페의 경우, 별다른 관리자가 없기 때문에 아이들이 얼마나 집중하는지 부모가 직접 확인하기 어렵다.

필자는 무인 스터디카페와 관리형 스터디카페를 병행 운영하고 있는데, 현재는 자유로운 분위기의 무인형을 선호하는 학생들이 많다. 학습 효과를 높이기 위해 앞으로는 관리형 스터디카페로 전환할 계획이다.

무인 스터디카페를 더 선호하는 이유는 제약이 없고 자유롭기 때문이다. 또한, 부모님들도 아이가 그 시간만큼은 공부를 하고 있다고 생각해 안심하는 경우가 많다. 하지만 중요한 것은 공부하는 장소가 아니라, 실제로 얼마나 집중하고 효율적으로 시간을 활용하는지다. 따라서 부모님들은 스터디카페 이용이 단순한 '시간 때우기'가 되지 않도록 아이와 소통하며 학습 습관을 점검해 볼 필요가 있다.

부모님 입장에서 가장 궁금한 것은 "우리 아이가 스터디카페에서 정말 집중해서 공부하고 있을까?"하는 점일 것이다. 아무리 좋은 환경이라도 아이가 시간을 효과적으로 활용하지 못하면 학습 효과는 기대하기 어렵다.

따라서, 아이가 스터디카페에서 제대로 공부하고 있는지 확인할 수 있는 몇 가지 방법을 소개하려고 한다. 이 방법들은 단순히 감시하는 것이 아니라, 아이 스스로 학습을 점검하고 책임감을 갖도록 유도하는 데 초점을 맞춘 것이다. 부모와 아이 모두 부담스럽지 않으면서도 공부의 질을 높이는 방법들을 살펴보자.

(1) 공부 인증샷 보내기

가장 간단하면서도 효과적인 방법은 아이에게 공부한 문제집이나 노트 정리 내용을 사진으로 찍어 가족 톡방에 공유하도록 하는 것이다.

- 실시간으로 학습 진도를 확인할 수 있다. 따로 확인할 시간을 낼 필요가 없다.
- 공부 하고 있는 내용을 그대로 보여줄 수 있다. 어떤 것을 했는지 따로 설명할 필요가 없다.
- 아이 스스로 성취감을 느낀다. "오늘 공부한 걸 가족에게 보여줘야지!"라는 생각이 들면, 더 꼼꼼하게 정리하고 스스로 공부에 대한 책임감을 가질 수 있다.

이 방법은 감시가 아니라 자연스럽게 학습을 점검하고 습관을 잡아주는 과정이 되어야 한다. 처음에는 아이가 부담스러워할 수도 있으므로, 결과를 공유하면 칭찬을 아끼지 않으며 긍정적인 분위기를 조성하는 것이 중요하다.

(2) 1분 요약 브리핑

스터디카페에서 돌아온 후, 그날 공부한 내용을 1분 이내로 요약해

부모님께 설명하게 하는 방법도 효과적이다.

- 아이 입장에서는 학습한 내용을 머릿속에서 다시 정리하는 과정이 되어 복습 효과를 높일 수 있다. 짧은 시간이지만, 논리적으로 정리하고 표현하는 능력도 함께 길러진다.

- 부모 입장에서는 아이가 실제로 집중해서 공부했는지 파악할 수 있다. 단순히 "스터디카페에서 뭐 했어?"라고 묻는 것보다, 아이가 스스로 학습을 되돌아보는 기회를 제공할 수 있다.

이 방법을 부담스럽지 않게 하기 위해 형식에 얽매이지 않고 자연스럽게 대화하는 분위기를 만드는 것이 중요하다. 예를 들어, "오늘 공부한 것 중에서 기억에 남는 걸 짧게 설명해볼래?", "가장 어려웠던 부분은 뭐였어?"이렇게 가볍게 질문하며 아이가 이야기 하도록 유도하면, 학습에 대한 자기 점검 습관이 자연스럽게 자리 잡힐 수 있다.

(3) 타임랩스 촬영

아이에게 공부하는 모습을 타임랩스로 촬영하게 하는 방법도 집중력을 유지하는 데 효과적이다.

- 아이 입장에서는 "촬영 중이니까 더 집중해야겠다!"라는 심리적 효과가 생겨 스스로 학습 태도를 조절할 수 있다. 나중에 영상을 보면서 자신의 공부 패턴과 습관을 점검하는 기회가 된다.

- 부모 입장에서는 아이가 실제로 얼마나 집중했는지 객관적으로 확인할 수 있다. 감시하는 느낌 없이, 아이 스스로 책임감을 갖고 학

습하도록 유도할 수 있다.

촬영을 강요하기보다는 아이 스스로 필요성을 느끼고 활용할 수 있도록 자연스럽게 유도하는 것이 중요하다. 결과보다는 집중하려고 노력한 과정을 칭찬하며, 자기 주도 학습 습관을 키우는 방향으로 활용하는 것이 효과적이다. 이 방법은 특히 집중력이 쉽게 흐트러지는 아이들에게 자기 통제력을 키우는 좋은 도구가 될 수 있다.

(4) 스터디카페 이용 기록 확인

스터디카페에는 이용 기록이 남아 있기 때문에, 부모가 원하면 아이가 얼마나 시간을 보냈는지 확인할 수 있다.

- 관리자가 있는 스터디카페라면 직접 문의하여 학습 시간을 확인할 수 있다.
- 일부 스터디카페는 카카오톡 채널을 통해 방문 시간 및 이용 기록을 제공하기도 한다.

아이가 감시받는다고 느끼지 않도록, 확인 후에도 지나치게 간섭하기보다는 대화 중심으로 접근하는 것이 중요하다. 단순히 시간을 체크하는 것이 아니라, 아이가 스스로 학습 습관을 돌아볼 수 있도록 유도하는 것이 핵심이다.

공부하는 공간을 만드는 것이 아니라, 아이와 함께하는 공간을 만들어보자.

무엇보다 중요한 것은 공감과 소통이다. 아이가 "힘들어"라고 했을 때, "그 정도도 못 하니?"라고 하기보다 "어떤 부분이 어려운지 같이 고민해볼까?"라고 말해보자. 부모의 작은 말 한마디, 표정 하나가 아이의 학습 태도를 결정짓기도 한다. 따뜻한 관심과 배려가 있다면, 공부는 더 이상 강요가 아니라 함께 성장하는 과정이 될 것이다. 그 과정에서 아이는 스스로 학습하는 힘을 키우고, 부모는 아이와 한 걸음 더 가까워질 수 있을 것이다.

02

우리 아이 학습동기,
어떻게 불러일으킬까?

성장 마인드셋과 맞춤형 동기부여 전략

아이들이 "공부는 왜 해야 하나요?"라고 물을 때, 많은 부모들은 성적, 대학 입학, 진로, 직업 등을 근거로 설명한다. 그러나 이런 대답은 아이들에게 충분한 동기부여가 되지 못한다. 결과만을 강조하면 아이들은 부담감과 스트레스를 느끼고, 공부의 진정한 의미를 잃을 수 있다. 공부는 단순히 성적을 올리거나 좋은 직업을 얻기 위한 도구가 아니다. 세상을 이해하고, 문제를 해결하며, 자신을 발견하는 중요한 과정이다. 그렇다면 이런 공부의 의미를 아이들에게 어떻게 전달할 수 있을까?

서양에서 "study"라는 단어는 1300년대에 학문과 지식을 추구하는 정신적 노력, 집중적인 독서와 사색을 의미하며 시작되었다. 이후 연구나 탐구를 뜻하는 말로 발전했고, 15세기 말부터는 연구의 대상을 가리키는 의미로도 쓰였다. 중세 영어에서는 열정적이고 진지한 노력을 뜻했으며, 나중에는 책으로 가득 찬 학습 공간을 의미하는 "study room" 같은 용어도 나타났다.

동양에서의 "공부"라는 단어 역시 단순한 학습을 넘어, 삶의 모든 영역에서 배우고 실천하여 탁월한 능력을 얻는 과정을 뜻한다. 즉, 공부란 자신의 목표에 따라 자신을 연마하고 성장시키는 모든 활동을 포함한다고 볼 수 있다. 하지만 이러한 깊은 의미를 우리도, 아이들도 종종 잊곤 한다.

"왜 공부를 해야 하는지"에 대해 진지하게 고민해 본 적이 있을까? "왜 시험공부를 해야 하는가?", "왜 수행평가를 해야 하는가?", "왜 학원 숙제를 해야 하는가?" 같은 현실적인 질문부터 "왜 대학을 가야 하는가?", "왜 좋은 직업을 가져야 하는가?", "왜 돈을 많이 벌어야 하는가?" 같은 인생에 대한 질문까지, 스스로 답을 찾는 과정이 필요하다.

심지어 "왜 행복한 인생을 살아야 하는가?"와 같은 궁극적인 질문에도 마찬가지이다. 단순히 검색하거나 남의 조언에만 의존하지 않고, 자신만의 답을 찾아내는 것이 중요하다. 그 답이 반드시 획기적일 필요는 없다. 스스로 고민하고 작은 깨달음만 있어도 충분하다. 이 작은 깨달음이 공부에 대한 동기부여와 인생의 원동력이 될 수 있다.

이제 실천이 중요하다. 영화 〈매트릭스〉에서 모피어스가 했던 "길을 아는 것과 걷는 것은 다르다."는 말이 있다. 길을 알고 걸어가다 보면 새로운 것을 알게 되기도 한다. 인생의 경험은 마치 복리처럼 우리의 삶에 복합적으로 영향을 준다. 그러니 일단 부딪히고 경험해 보는 것이 중요하다. 그 경험이 곧 나에게 돌아오는 소중한 자산이 될 것이다.

디지털 시대, 우리 아이들의 사고력은 어떻게 변하고 있을까?

디지털 기술이 발전하면서 우리 아이들의 사고방식과 뇌 구조에 어떤 영향을 미치고 있는지 살펴볼 필요도 있다. 예를 들어, 검색 기술은 다음과 같은 변화를 가져오고 있다.

첫째, 깊이 있는 탐구보다는 즉각적인 답을 얻는 것에 익숙해져, 장기적인 집중보다는 단기적인 집중력이 요구된다.

둘째, 원하는 정보를 언제든지 검색할 수 있다는 생각 때문에 정보를 기억하려는 경향이 줄어든다.

셋째, 검색 엔진에서 얻은 정보를 검증하는 대신, 쉽게 받아들여 비판적 사고력과 분석력이 약해진다.

넷째, 멀티태스킹 능력은 증가했지만, 이는 오히려 집중력을 분산시켜 깊이 있는 사고를 방해할 수 있다.

많은 부모님이 아이들에게 스마트폰이나 태블릿을 쉽게 쥐어주고 있다. 이런 현상은 아이들의 사고방식에도 큰 영향을 미칠 수 있다. 이러한 변화를 막을 수 없다면, 부모 세대가 먼저 각성하고, 진지하게 논의하고 실천해야 할 부분이 있다.

미래학자와 교육자들은 4차 산업혁명 시대에 적합한 교육 역량으로 4C를 제안한다: 창의성(Creativity), 비판적 사고력(Critical Thinking), 협업 능력(Collaboration), 소통 능력(Communication)이다.

창의성: 도구 없이 놀게 하고, 제한을 두지 않기.
비판적 사고력: "왜?"라는 질문을 끊임없이 던지며 더 나은 생각을 이끌어내기.
협업 능력: 함께 고민하고 해결책을 찾기.
소통 능력: 이 모든 과정을 다른 사람들과 이야기하고 나누기.

필자 또한 이러한 제안에 전적으로 동의한다. 문제는 어떻게 이러한 역량을 길러줄 수 있을지, 또 어떻게 아이가 이 역량을 갖추고 있다는 것을 보여줄 수 있을지다. 다양한 학습법을 통해 아이들의 4C 역량을 키우는 방법을 고민해 보아야 한다.

아이에게 맞는 학습 방법과 환경을 찾아주는 것은 부모님에게도 중요한 과제다. 단순히 사회적 흐름에만 의존하지 말고, 아이에게 적합한 학습법을 찾아야 한다. 또한 학습에서 중요한 것은 아이와의 관계이다. 부모와 자녀, 교사와 학생 사이의 신뢰와 소통이 없다면 학습법이나 조언이 효과적으로 전달되기 어렵다. 스마트폰과 인터넷 사용 시간이 늘어가면서 아이들과의 소통이 단절되고 있지는 않은지, 다시 한번 돌아볼 필요가 있다.

마지막으로, 학습에 대한 동기부여와 의지만으로는 아이들이 효과적으로 공부하기 어렵다. 방해 요소와 변수가 많기 때문에, 실천 가능한 학습 방법과 관리법이 구체적이어야 한다. 현재의 기술 발전 덕분에 학습법과 학습 관리를 위한 도구들이 많아졌다. 이를 잘 활용하면 부모님과 아이들 모두에게 긍정적인 변화를 가져올 수 있을 것이다. 이와 관련해서는 6~8장에서 자세히 다루어 보겠다.

홈스쿨링, 우리 아이에게 적합할까?

가정형 학습의 장단점과 효과적인 운영 노하우

들어가면서

최근 들어 홈스쿨링을 고민하는 가정이 점차 늘어나고 있다. 특히 코로나19 이후 학교 교육이 원활하지 못했던 경험을 계기로 학부모들은 자녀교육의 새로운 대안으로 홈스쿨링을 고려하고 있다. 홈스쿨링은 전통적인 교육 방식인 '학교에서 배우기'를 벗어나, 가정에서 자녀를 교육하는 방식이다. 이 방식은 아이들이 자연 속에서 놀면서 배움을 얻고, 책을 읽거나 창의적인 활동을 통해 스스로 성장하는 환경을 제공하는 데 중점을 둔다. 그렇기 때문에 홈스쿨링을 단순히 학습 방법의 한 갈래로 인식해서는 안된다. 아이들이 자신의 삶을 대하는 태도를 전환할 수 있도록 가이드해 주고, 자녀와 부모가 함께 성장하는 과정을 경험하게 할 수 있는 총체적 과정으로 보아야 한다.

홈스쿨링의 장점

❶ 맞춤형 교육의 현실화

홈스쿨링의 큰 장점 중 하나는 오롯한 맞춤형 교육이 가능하다는 것이다. 학교에서 제공하는 일괄적인 교육이 아닌, 내 자녀의 학습능력과 관심에 맞춰 개별화된 교육을 진행할 수 있다. 과학에 관심이 많은 아이가 있다면, 아이가 가진 호기심을 시작으로 과학 학습과 연계한 맞춤식 수업을 진행할 수 있다. 예를 들어 공원 산책 중에 주워 온 솔방울의 모습에 호기심을 보인다면 솔방울의 각기 다른 모양과 역할에 대해 대화를 주고받으며 탐구심을 불러일으켜 줄 수도 있다. 이렇게 하면, 습한 날과 건조한 날의 솔방울 모습이 다르다는 것을 아이가 스스로 알게 될 것이고, 솔방울의 역할에 대해서도 스스로 탐구할 수 있도록 유도해 줄 수도 있다. 아이는 이 과정 속에서 일방적으로 전달되는 지식이 아닌, 자신이 오롯이 체감한 경험으로서 학습을 받아들이게 된다.

학교에서는 시간, 상황적인 제약 등으로 모든 학생이 자신이 원하는 주제에 집중적으로 시간을 투자하기 어렵다. 하지만 홈스쿨링에서는 내 자녀의 관심사를 중심으로 학습과정을 계획할 수 있는 유연성이 있다. 따라서 홈스쿨링은 내 아이가 가진 특정분야에 대한 깊은 이해를 바탕으로 독창적인 사고를 할 수 있는 능력을 키울 수 있게 돕는 장점이 있는 학습 방법이다.

❷ 학습시간과 학습방식의 유연성

홈스쿨링의 장점은 정해진 시간표와 교육과정을 따라야 하는 학교교육과 달리, 자녀의 학습속도와 스타일에 맞추어 유연하게 학습을 조정할 수 있다는 것이다.

예를 들어, 관심 있는 과목이나 관심 있는 단원이 있을 경우, 내용을 바로 학습하는 것이 아니라 충분히 준비시간을 가진 후 학습을 할 수 있다. 준비시간에는 그 단원과 관련된 책을 읽는 것이 좋은데, 관련 있는 책을 올바르게 선정하는 것도 중요하지만, 본격적으로 공부하기 전 일정한 시간을 두고 독서를 하여 흥미와 기본 배경지식을 쌓도록 하는 것이 포인트이다. 또한 학습에 효율 높은 시간대를 정확히 파악하여 시간표를 구성할 수도 있다. 큰 틀에서의 합리적으로 계획을 구성하는 것이 중요하며, 상황에 따른 유연한 구성변경에도 신경을 써야 한다.

교육 방법 역시 교과서 위주의 교육 외에 다양한 학습 도구를 자유롭게 활용할 수 있다는 데에서도 유연성 발휘가 가능하다. 온라인 강의, 현장 체험학습 등을 통해 다양한 학습의 경험을 쌓을 수 있다.

❸ 부모와 자녀가 유대감을 형성하는 이상적인 형태의 학습 기회

홈스쿨링의 또 다른 장점은 부모와 자녀가 유대감을 형성하며 진행해 나가는 이상적인 학습 기회를 주체적으로 만들어 나갈 수 있다는 것이다. 부모는 가정에서 자녀가 학습을 하는 것을 가장 가까이에서 지켜봄으로써 자녀의 강점과 약점을 더욱 명확하게 파악할 수 있다. 자녀는 경쟁에 얽매이지 않고 주체적으로 자신의 학습을 이끌어 나가면서 자신감을 키우게 된다. 이러한 과정을 통해 부모와 자녀 간에 자연스러운 유대감이 형성, 강화되고, 부모는 자녀가 성취하는 모습을 가까이에서 지켜보며 함께 만족할 수 있다.

홈스쿨링의 한계

❶ 경제적, 정신적 부담

홈스쿨링에는 장점이 있는 만큼, 여러 한계점 역시 분명히 존재한다. 첫 번째로는 경제적인 부담을 꼽을 수 있다. 학교를 가지 않고, 사교육을 받지 않는다고 해서 비용이 적게 드는 것은 아니기 때문이다. 기본적인 교재는 물론, 추가적인 학습자료 준비나 활동을 위한 다양한 비용이 발생한다. 홈스쿨링의 특성상 부모가 교사의 역할을 맡아서 진행해야 하기 때문에, 경제 활동에 제약이 있을 가능성도 있다. 이는 경제적인 것을 넘어 정신적인 부담으로 작용하기도 한다. 아이의 학습을 도와주고 관리하는 것이 녹록치만은 않으며, 기간이 길어지면서 피로가 누적될 수도 있다.

❷ 부모와 자녀의 관계

홈스쿨링을 할 때 부모는 아이의 전반적인 교육에 대한 관리를 해야 하고, 시간적 공간적으로 같은 공간에서 오랫동안 함께 있어야 한다. 그렇기 때문에 이때 생길 수 있는 정신적, 물리적 갈등을 고려해야 한다. 자녀의 자기주도 학습능력이 부족하다거나, 부모의 기대치가 지나치게 높을 경우 관계가 악화될 수 있는 상황도 있을 수 있다. 부모와 교사의 역할을 동시에 수행해야 하는 것이 부모에게는 큰 도전이며 한계일 수 있다.

❸ 사회성 발달에 영향

학교에 가면 경험 가능한 친구들과의 상호작용, 경쟁을 통한 실력평가 등의 기회가 홈스쿨링을 하면 줄어들 수 있다. 이런 제한적인 상황에서는 아이들이 사회적 경험의 부족으로 자아형성에도 영향을 줄 수 있다. 타인과의 상호작용을 통해서 자기를 인식하고 발전시켜 나간다는 인간 본연의 경험이 축소되어 자아 확립과정이 더딜 수 있기 때문이다.

❹ 시간 관리의 어려움

홈스쿨링을 할 때 도전이라고 느껴지는 또 다른 점은 바로 시간관리이다. 정해진 일정과 계획에 따라 진행되는 학교수업과는 달리, 홈스쿨링에서는 학생과 학부모가 스스로 시간관리를 해야 하고, 규칙설정과 관리감독 역시도 가정 내에서 이루어져야 한다. 이렇듯 명확한 계획과 실천이 없다면 홈스쿨링은 실패할 가능성이 크기 때문에, 시간 관리의 어려움은 홈스쿨링의 한계 중 하나로 언급해 볼 수 있다.

홈스쿨링 사례소개

홈스쿨링 사례에 대해 몇몇 사이트를 소개한다.

다음 카페 '행복한 홈스쿨링'

(cafe.daum.net/happyhomeschooling)

네이버 카페 '한국언스쿨링연구소'

(cafe.naver.com/unschoolingkorea)

'홈스쿨링 생활백서'

(www.facebook.com/forhomeschooler)

한국기독교홈스쿨협회

(khomeschool.com)

위 사이트에서 발췌한 몇 가지 사례를 소개하려 한다.

이자경 씨 부부는 경북 영천에서 4명의 남매를 홈스쿨링으로 키우고 있다. 홈스쿨링을 시작하게 된 계기는 첫째 아들의 질문에서 시작되었다. 유치원을 다니던 아들이 "하늘은 무슨 색이냐?"는 질문을 던졌고, 답을 고민하던 엄마에게 아들은 선생님이 하늘색이라고 말했지만, 실제 하늘은 여러 색을 띠고 있다고 자신의 생각을 덧붙였다. 아들이 이런 질문을 하는 것 자체가 자발적인 사고와 표현 능력을 잃어버렸다고 느낀 이자경 씨 부부는 아들이 유치원을 다니면서 표현력 있게 말하는 능력을 더 이상 습득하지 못하고 있다는 생각에 고민을 하게 되었다. 고민 끝에 부부는 홈스쿨링을 결심했다. 홈스쿨링을 시작하면서, 부부는 여러 가지 고민에 빠졌다. 언제까지 홈스쿨링을 할 것인지, 누가 무엇을 가르칠 것인지, 자녀들이 학교에 가고 싶어 하면 어떻게 할 것인지 등 예상 가능한 여러 질문들이 떠올랐다. 결국 부부는 '아이들이 스스로 공부하고 싶어 할 때 하도록 한다.'는 명확한 원칙을 세우게 되었다. "중요한 것은 아이답게 자라는 것, 그리고 인성"이라고 강조하며, 자녀들이 부모의 품을 떠나기 전까지 자신의 고유한 특성과 재능을 발견하도록 돕는 것을 홈스쿨링의 목표로 삼았다.

이 가족의 홈스쿨링 일과는 비교적 규칙적이다. 아침에 일어나면 각자 맡은 집안일을 하고, 오전에는 책을 읽거나 그림을 그리는 등의 실내 활동을 한다. 오후에는 산책이나 곤충 관찰 등 야외

활동을 즐긴다. 미술관, 도서관, 과학관 등을 방문하며 다양한 경험을 쌓고, 주말에는 단체 봉사활동에도 참여한다. 특히 아이들은 자연 속에서 뛰놀며 배움을 경험하는데, 이는 이들이 가꾸는 텃밭에서부터 시작해 곤충 채집에 이르기까지 매우 다양하다. 아이들은 다양한 주제에 대해 연구하고 발표하는 '프로젝트 발표회'와 같은 활동도 개최한다. 또한 2주에 한 번 가족 신문을 만들어 조부모님께 우편으로 보내는 일도 이어오고 있다. 그리고 마을 주변을 돌며 쓰레기를 줍는 '플로깅' 활동도 11년째 하고 있다. 한 달에 하루는 전자기기를 모두 끄고 촛불을 켠 상태에서 생활을 하는데, 가족과 함께 '별이 빛나는 날'을 보내는 등 색다른 생활 습관도 실천하고 있다. 홈스쿨링을 통해 아이들은 자연스럽게 스스로 학습하는 습관을 들이게 되었고, 배우고 싶어 하는 마음도 커졌다고 한다. 특히 첫째 아들은 곤충학자의 꿈을 키우고 있으며, 곤충을 채집하고 관찰하는 것에 대한 호기심과 열정이 남다르다. 이처럼 홈스쿨링은 아이들이 자신의 관심사를 쫓아 자유롭게 배울 수 있는 환경을 제공한다는 점에서 큰 장점이 있다.

홈스쿨링의 성공 여부는 부모의 역할과 가정의 가치관에 크게 좌우된다. 이자경 씨는 홈스쿨링을 통해 자신의 삶을 돌아보게 되었고, 자녀들에게 모범을 보이며 아이들을 존중하고 이해하게 되었다고 한다. 그렇지만 다른 가족에게 홈스쿨링을 쉽게 추천한다는 것은 심사숙고해야 할 문제라고 밝혔다. 부모와 자녀 모두가 동의를 한 상태에서 시작해야 한다고 강조했다.

세 자녀를 홈스쿨링으로 키워낸 선배 부모들도 홈스쿨링에 대한
가족 간의 동의를 최우선시하고 있다. 김형태 씨는 홈스쿨링을 고
민하는 부부들이 찾아올 때, 부부간 합의가 중요하다고 말하며,
먼저 부부가 함께 합의하고 아이와 충분한 대화를 통해 아이 스스
로 선택할 수 있도록 해야 한다고 강조했다. 홈스쿨링은 교육 방
법을 넘어서 삶의 태도와 직결된다는 것이 홈스쿨링을 하고 있는
부모들의 공통된 의견이다. 김형태 씨는 홈스쿨링이 학습 방법이
아니라 삶을 전환하는 방법이라고 보았고, 부모와 자녀가 함께 시
간과 공간을 공유하면서 삶의 방향성을 함께 고민해야 한다고 설
명하였다.

또 다른 홈스쿨링 부모인 최연주 씨는 홈스쿨링이 불필요한 경쟁
에서 벗어나 자연스럽게 성장할 수 있는 기회를 제공했다고 회고
했다. 그러나 홈스쿨링을 고민하는 부모들에게는 몇 가지 주의사
항을 당부했다.

첫째, 부모의 의욕과 역량을 혼동하지 말 것.

둘째, 부모가 받은 교육이나 결핍을 아이에게 투영하지 말 것.

셋째, 확신이 없으면 검증된 커리큘럼을 따를 것.

홈스쿨링을 준비하는 부모들에게는 관련 서적을 읽어보는 것이 매우 도움이 될 것이다. 이자경 씨가 쓴《나는 홈스쿨링하는 엄마로 살기로 했다》는 유아기부터 초등까지 홈스쿨링 과정을 담고 있으며,《홈스쿨링, 홈과 스쿨을 넘어》는 홈스쿨링에 대한 다각적 시각을 제공하고 있다. 또한 다양한 온라인 커뮤니티에서 정보와 동료를 만날 수 있다. 기독교적 신앙을 바탕으로 한 홈스쿨링도 소개된 곳들이 있으니, 참고해 보시면 좋을 것 같다.

나가며…

이처럼 홈스쿨링은 각 가정의 가치관과 자녀의 성향에 따라 다른 결과를 가져올 수 있다. 따라서 성공적인 홈스쿨링을 위해서는 부모의 헌신과 자녀의 동의가 필요하며, 교육을 넘어 삶의 전반적인 태도에 변화를 가져오는 기회가 될 수도 있음을 명심하고 신중하게 선택해야 할 것이다.

1대1 과외 vs 그룹수업,
무엇이 더 효과적일까?

학습 유형에 따른 맞춤형 수업 모델 선택하기

수업 형태 선택을 위한 가이드

효율적인 학습을 위해서는 수업의 형태를 잘 선택하는 것이 매우 중요하다. 대중화된 수업 형태로는 크게 1대1 과외와 그룹 수업이 있다. 먼저 1대1 과외에 대해 먼저 이야기해 보겠다.

1대1 과외 수업을 선택할 때 무엇을 따져봐야 할까?

1대1 과외를 선택할 때 선생님의 교육 철학이나 가치관을 확인하는 것은 매우 중요하다. 과외 선생님의 생각과 방식이 아이에게 고스란히 전달되기 때문이다. 또한 학습 방법을 선택할 때도 아이의 습관과 맞는지, 커리큘럼의 유연성이 충분한지, 아이의 흥미와 욕구를 고려하는지, 그리고 비용도 적절한지 등이 중요하게 고려되어야 한다. 비슷한 형태의 수업을 고려해 본다면 소그룹 방식의 개별 학습이 있다. 최근에는 온라인 수업을 통해 시간과 공간을 초월하여 학습 질문이 가능한 환경도 대중화되고 있으니, 이런 부분도 수업 선택을 할 때 생각해 볼 중요한 요소 중 하나라고 할 수 있겠다.

1대1 과외 수업의 장점

1대1 과외 수업은 학생의 개별적인 특성을 잘 파악하여 맞춤형으로 진행되기 때문에, 이에 따른 여러 장점을 가진다. 학생의 수준에 맞는 교재를 선택할 수 있으며, 이해 정도에 맞춰 수업 속도를 조절할 수 있다. 또한 궁금한 점을 즉각적으로 피드백 받을 수 있고, 가정에서 과외 수업을 진행할 경우에는 이동 시간을 절약할 수 있다는 데서 긍정적이다.

1대1 과외 수업의 단점

1대1 과외 수업은 단점도 존재한다. 내신 대비 자료나 최신 정보가 부족할 수 있으며, 개념 설명을 위한 충분한 시간이 확보되지 못할 수 있다. 학생이 숙제를 해오지 않으면 그만큼 진도가 늦어지고, 개념을 다시 설명해야 하는 경우도 발생한다. 또한 동일한 시험에 대한 비교 대상이 없기 때문에, 객관적인 평가 자료가 부족할 수 있다.

1대1 과외 추천 대상

기본기가 부족한 학생이나 최상위권 학생, 학습 의욕이 높고 즉각적인 피드백을 원하는 학생에게 1대1 과외를 추천한다.

학습에 필요한 기본 개념과 원리가 부족한 학생은 집단 학습에서 수업을 따라가기 어렵고, 자신의 학습 공백을 채우는 데 시간이 걸린다. 1대1 과외를 통해 학생의 개별 수준에 맞춘 맞춤형 수업이 가능해진다. 학생의 이해 수준에 맞춰 학습 속도를 조절하고, 부족한 부분을 꼼꼼히 채울 수 있다. 학습 공백을 해소하고, 성취감을 느끼게 되어 학습에 대한 자신감을 되찾을 수 있다.

일반적인 학원 수업이 다수의 학생을 대상으로 설계되어 있어, 최상위권 학생에게는 진도와 내용이 부족하거나 느릴 수 있다. 1대1 과외를 통해 더 깊이 있는 심화 학습과 창의적 문제 해결 능력을 키울 수 있다. 경시대회 준비, 특목고/자사고 입학, 또는 특정 시험 대비 등 학생의 개인 목표에 최적화된 커리큘럼을 제공할 수 있다. 불필요한 기본 설명이나 반복을 줄이고 필요한 핵심만 다뤄 학습 효율을 극대화할 수 있다.

학습 도중 생긴 질문이나 모호한 개념에 대해 실시간으로 피드백을 받을 수 있어 학습 효율이 높아진다. 학습 의욕이 높은 학생은 더 많은 도전과 피드백을 통해 동기를 유지하고, 성취감을 극대화할 수 있다. 학습 의욕이 높은 학생은 학습 방향성을 필요로 하는 경우가 많으며, 1 대1 과외를 통해 개별 학습 계획과 전략을 세울 수 있다.

좋은 과외 선생님이란?

좋은 과외 선생님은 명확한 교육 철학을 가지고 있다. 초보 과외 선생님은 자신의 학창 시절 경험에 의존하여 수업하는 경향이 있기 때문에, 학생마다 호불호가 있을 수 있다. 그러나 경험이 많은 전문 과외 선생님은 체계적인 커리큘럼을 가지고 있고, 다양한 학생들의 컨디션에 맞추어 대응할 수 있는 능력을 지니고 있다는 점에서 차별성을 가진다.

좋은 과외 선생님들은 주로 입소문으로 알려져 있어, 시간이 없는 경우가 많다. 게다가 연락처가 쉽게 공유되지 않기 때문에, 주변에 과외 선생님에 대한 정보를 얻을 수 있는 커뮤니티가 있다면 과외 선생님을 찾을 때 큰 도움이 될 것이다.

좋은 선생님은 학생이 모르는 부분에 대해 함께 고민하며 해결 전략을 알려주는 선생님이다. 선생님만 이해하고 설명하는 것이 아니라 학생이 그 내용을 이해했는지 수업 중에 확인하여, 잘못된 점에 대해서는 피드백을 해주고 문제 해결력을 높여주는 식의 지도를 한다. 이때 학생이 더 많이 말하고 설명하는 식으로 수업을 진행한다면 더욱 효과적인 수업이 될 수 있다. 또한 수업 외 시간에도 학생이 간단한 질문을 부담 없이 할 수 있는 소통의 창구가 열려 있다면 더욱 이상적이다. 시간이 많이 소요되는 질문은 다음 수업 때 다루면 되지만, 자습 중에 생기는 작은 질문들까지 수업에서 해결할 여력이 없을 때도 많다. 이러한 사소한 질문들을 해결하지 않고 방치했다가 시험에서 걸림돌이 될 수 있으므로, 그때그때 해결해 주는 것이 중요하다. 작은 질문들을 요청하는 창구의 존재와 해결의 과정은 선생님과의 신뢰가 형성되고, 수업도 원활해지는 지름길이 되어준다.

선택하지 말아야 할 과외 선생님은?

학생이 잘하지 못하는 것을 학생 탓으로 돌리는 선생님은 피해야 한다. 자신의 이해 수준과 학생의 이해 수준이 다르다는 점을 이해하지 못하면 학습이 원활히 진행되지 않을 가능성이 크다. 학생도 공부를 잘하고 싶어서 과외를 받는 것인데, 한 가지 방식으로만 수업을 진행한다면 성취감은 물론 자존감까지 떨어질 수 있다. 또한 선생님 혼자 설명만 하고 수업을 마친다면, 그 수업은 인강을 듣는 것과 다를 바 없다. 학생이 실제로 이해하고 문제를 해결할 수 있는지 확인하는 작업이 필요하다. 과외 수업 중 학생이 더 많이 설명하고 말하는 소리가 들린다면, 잘되고 있는 수업일 가능성이 크지만 그렇지 않다면 주의깊게 확인해야 한다.

과외 선생님과의 미팅 시 꼭 물어볼 질문은?

과외 선생님의 교육 철학에 대해 묻는 것이 좋다. "선생님, 어떻게 공부를 잘하셨나요?", "우리 아이가 공부를 잘하게 할 수 있는 방법이 있을까요?"와 같은 개방형 질문을 통해 선생님의 교육 철학을 파악할 수 있다. 이러한 질문을 통해 선생님이 학창 시절에 어떻게 공부했는지, 그리고 학생을 어떻게 지도할지에 대한 구체적인 방법을 가장 빠르게 파악할 수 있을 것이다.

과외 선생님을 선택할 때 고민된다면?

시범 과외를 요청해 보는 것도 좋은 방법이다. 이에 해당하는 수업료를 지불하고, 수업 후 아이와의 궁합이나, 선생님의 교육 철학과 아이의 성향이 부합하는지를 판단할 수 있다. 단, 한 번의 수업으로 모든 것을 판단할 수는 없지만, 기본적인 방향성을 가늠하는 데 도움이 될 것이다.

과외 수업을 진행하게 되었다면?

과외 수업을 맡기게 되면 "선생님만 믿습니다." 또는 "과외하면 우리 아이도 잘할 수 있겠죠?"라는 멘트는 피하는 것이 좋다. 과외를 받았음에도 불구하고 학생의 성적이 저조할 경우, 학생의 부족함을 근거로 결과를 평가할 가능성이 있기 때문이다. 지속적인 소통을 통해 학생의 상태를 확인하는 자세와 선생님의 수업이 맞춤형으로 이루어지고 있는지를 체크하는 방식으로 진행해야 한다.

체계적인 수업 체크리스트를 작성하고, 학부모와 정기적으로 상담을 하는 선생님과 그러한 수업 방식을 선택하는 것이 좋다. 이는 과외 선생님뿐만 아니라 학생과 학부모 모두에게 긍정적인 영향을 줄 수 있으며, 이후 다른 과외선생님과 수업에도 적용할 수 있는 교습법이 될 것이다.

1대1 과외가 맞지 않는다면…

1대1 과외는 장점도 있지만 단점도 존재한다. 선생님에게 의존하게 되어 스스로 공부하는 습관을 기르기 어려워지거나, 과외 수업으로 인해 압박감을 느끼거나, 수업 차체 혹은 선생님과 궁합이 맞지 않으면 학습 효과가 떨어지는 경우가 있다. 비용이 비싸고, 단조로운 환경에서 공부를 하는 것이라서 동기부여나 경쟁심을 키우기가 어려울 수도 있다. 잦은 스케줄 변경으로 혼란을 느낄 수도 있다. 이러한 상황이 생기면 즉시 과외를 중단하고 다른 학습 방법을 고민해 봐야 한다.

과외 학습의 대안으로 할 수 있는 학습 형태인 인강 학습과 좋은 학원에서의 학습에 대해 지금부터 자세히 안내해 보려고 한다.

효율적인 인강 학습법

요즘은 최고의 인터넷 강의를 쉽게 접할 수 있는 시대이다. 따라서 어디에서든지 1타 강사의 인강을 활용한 효율적인 공부가 가능하지만, 같은 강의를 듣고도 성적 차이가 나는 이유는 강의를 활용하는 방식의 차이가 있기 때문이다. 인강의 본질은 이해와 암기를 돕고, 시간을 절약하며 공부 효율을 높이는 데 있다. 하지만 아무리 훌륭한 강의라도 주도적으로 활용하지 않으면 성과를 기대하기 어렵다. 지금부터 어떤 인강을 선택해야 하고, 어떻게 주도적으로 활용하면 좋을지에 대해 알아 보겠다.

1) 인강 선택 방법

좋은 인강을 선택하려면 두 가지를 기억하면 된다. 첫째, 유명하고 검증된 강사 중에서 선택한다. 둘째, 샘플 강의를 통해 자신이 가장 잘 이해할 수 있는 강의의 강사를 선택한다. 말투, 전달 방식 등이 학습 효과에 영향을 줄 수 있기 때문이다.

2) 효율적인 인강 활용법

(1) -5분, +5분

강의 시작 전 5분 동안 공부할 인강의 제목을 기록하고 전체적인 내용을 훑어본다. 호기심이 생기는 부분을 미리 체크해 두면 수업 집중도가 높아진다. 강의를 다 들은 후 5분 동안 빠르게 핵심 내용을 형광펜이나 색깔펜으로 체크하며 복습한다. 시간은 5분을 넘지 않게 제한하되, 학습에 집중이 되고 있다는 느낌을 받았다면 그 이상으로 진행해도 된다.

(2) 완벽주의를 버려라

모든 강의를 단번에 완벽히 이해하려는 생각을 줄이고, 자신이 취약 부분만 선택적으로 학습해야 한다. 시험이 임박할수록 메타인지로 필요한 부분만 취사 선택하는 것이 중요하다.

(3) 속도 조절

강의 속도는 상황에 맞게 조절해야한다. 어려운 부분은 천천히, 이미 아는 내용은 빠르게 넘기며 효율적으로 강의를 듣는 것이 좋다. 인강의 속도 조절탭을 이용하시면 된다.

(4) 문풀 강의 전략

문제풀이 강의는 미리 모든 문제를 풀지 말고, 한 문제를 푼 뒤 강의를 듣고, 다시 문제를 푸는 방식으로 접근하는 것이 좋다. 이는 집중력 유지와 문제 해결 방법을 비교 분석해 보는 것에 도움이 된다. 일시정지 버튼을 이용하면 된다. 자칫 귀찮다고 느낄 수도 있지만, 이런 간단한 부지런함이 학습효율을 높이는 큰 차이를 만들 수 있다.

(5) 자투리 시간 활용

자투리 시간에 인강을 틀어놓고 복습을 하는 것도 좋다. 새로운 진도보다는 이미 들은 내용을 다시 확인하는 용도로 활용하면 효과적이다. 다른 일정으로 흐름이 끊어져도 괜찮다. 다음에 이어서 보면 된다.

좋은 학원 선택하는 방법

좋은 학원을 선택하기 위해서는 아래의 세 가지 기준을 반드시 고려해야 한다.

첫 번째로, 피드백이 잘 이루어지는 학원을 선택해야 한다. 학원은 학생의 현재 학습 상태를 정확히 진단하고, 정기적인 평가를 통해 이를 부모와 학생에게 투명하게 전달하는 학원이 좋다. 맞춤형 학습 계획을 세우고, 학생의 약점을 개선하기 위한 구체적인 조치를 제시하는 학원이 이상적이다. 학부모와의 소통 또한 중요하다. 정기적인 상담을 통해 학생의 학습 상황을 공유하고, 필요시 가정에서도 협력할 수 있도록 정보를 제공하는 체계가 있는 학원이 좋다.

두 번째로, 현실적 쓴소리를 해주는 학원을 선택해야 한다. 학업 성취도를 지나치게 미화 하기보다는 학생의 현재 상태를 사실대로 진단하고, 개선이 필요한 부분에 대해서는 명확히 짚어주는 학원이 좋다. 단순히 문제점을 지적하는 데 그치지 않고, 구체적인 개선 방향과 방법을 제시해 주는 학원이라면 이상적인 학원이라고 할 수 있다. 쓴소리를 하더라도 학생의 자존감을 존중하며, 동기부여와 신뢰를 기반으로 지도해야 한다. 이렇게 하는 학원이라면 학생은 학업에 대한 올바른 자세를 갖추고 적극적으로 변화할 수 있다.

마지막으로, 학생이 실제로 변화하는 학원을 선택해야 한다. 학원은 학생의 성적 향상에만 초점을 맞추는 것이 아니라 학생이 스스로 학습하는 방법을 배우고, 자기주도 학습 습관을 형성하도록 돕는 역할도 해야 한다. 성공 사례가 많은 학원, 예를 들어 졸업생들의 성적이 크게 향상되었거나, 목표한 대학에 진학한 사례가 많은 학원은 신뢰할 수 있다. 또한 학원의 분위기가 지나치게 경쟁적이기보다는 협력과 성장에 초점을 맞추고 있는지도 살펴봐야 한다. 긍정적인 학습 환경과 지속적인 동기부여를 제공하는 학원은 학생의 장기적인 성장에 큰 도움이 된다.

　결론적으로, 학원을 선택할 때는 피드백 체계, 현실적인 조언, 그리고 학생의 긍정적인 변화를 모두 충족할 수 있는 학원을 선택하는 것이 중요하다. 학원을 직접 방문하고 상담을 받아보면서 자녀의 성향과 학업 목표에 가장 적합한 곳을 고르는 것이 좋다. 현재 거주 지역에 평판이 좋은 학원이 분명히 있을 것이다. 그 학원에서 우선 상담을 받고, 그곳을 기준으로 다른 학원도 상담해 본다면 훨씬 선택하기가 쉬울 것이다.

05

자기주도학습, 어떻게 실천해야 하나?

계획부터 피드백까지, 스스로 성장하는 학습 루틴 만들기

학원 수강을 위해 상담을 하러 온 학생들과 이야기를 하다 보면 자기주도학습이 가능한 학생과 아닌 학생이 확연하게 구분된다. 성향과 기질의 차이일 수도 있지만, 자기주도학습 능력이 있는 학생은 본인이 학습했던 과정을 아주 상세히 설명할 수 있고, 잘되지 않았던 부분을 냉정하게 짚어낸다. 이 학생은 학습효율에 대해 항상 고민하고 있었고, 안 되는 부분에 대해 끊임없이 수정, 보완을 하려고 노력했다는 것을 느낄 수 있었다. 그런 학생들은 실제로 흡수력 있게 수업을 듣고 성취도 좋을 뿐만 아니라, 본인이 안 되는 부분에 대해 질문을 하여 효율적으로 피드백을 받는 모습을 보여준다. 공부뿐만 아니라 일상에서도 스스로 생각하고, 결과에 대해 평가하고 반성하는 경험들을 꾸준히 하고 있는 이런 학생들을 종종 만나볼 수 있다.

2020년 한국교육학술정보원 설문조사에 따르면, 학습격차의 심화 이유를 묻는 설문에서 65%가 학생의 자기주도학습 능력 차이를 원인으로 답변한 결과가 나왔다고 한다. 특히나 코로나 팬데믹 상황에서 비대면 수업이 주를 이루면서 하루 24시간을 오롯이, 제대로 활용하지 못한 것이 학습격차를 만들었다고 볼 수 있다.

비단 코로나 팬데믹 시기가 아니더라도 4차 산업혁명과 같은 기술 발전과 정보의 폭증으로 인해 전통적인 지식 전달 방식만으로는 학습에 한계가 생기고 있는 것이 오늘의 현실이다. 학생들은 필요한 지식을 스스로 탐색하고, 이를 종합하여 문제를 해결할 수 있는 능력을 갖춰야 하는 시대에 와 있다. 자기주도학습은 이런 오늘날의 상황에서 중요하게 요구되는 학습 방법이다. 또한 자기주도학습은 성적 향상뿐 아니라 평생 학습자로서 자율성과 창의성, 비판적 사고 능력을 기르는 데 도움이 된다는 점에서 주목할 만 하다.

자기주도학습의 가장 큰 장점은 학습 효율성이 극대화된다는 점이다. 자기주도학습을 하는 학생들은 스스로 학습 목표를 설정하고 달성하기 위한 계획을 수립하며, 이를 자율적으로 조절할 수 있다. 각자의 학습 성향에 맞춘 맞춤형 학습이 가능하여, 학습의 질을 높이고 성취감을 느끼며, 이를 통해 학습 동기를 지속할 수 있다는 것도 강점이다.

그렇다면 우리 아이의 자기주도학습능력을 키우려면 어떻게 해야 할까?

구체적 목표 설정

자기주도학습의 첫 단계는 명확하고 구체적인 목표를 세우는 것이다. 단순히 "시험에서 좋은 성적을 받겠다."보다는 "하루에 영어 단어 30개를 외우겠다."와 같은 구체적이고 달성 가능한 목표를 세우는 것이 중요하다. 구체적인 목표 설정은 성취감을 주고 더 큰 학습 동기로 이어지기 때문이다.

학습 계획 수립

목표를 설정한 후에는 이를 달성하기 위한 학습 계획을 세워야 한다. 하루, 일주일, 한 달 단위로 구체적인 계획을 세우고 중간에 점검하며, 필요한 경우 계획을 수정하는 유연성을 발휘하는 것도 좋다. 시험 일정에 따라 특정 과목에 집중하거나, 어려운 주제에 시간을 많이 배분하는 등 현실적이고 효율적인 학습 계획이 필요하다. 장기간의 계획이 어렵다면 하루 단위의 계획을 세우고 그것을 꼼꼼히 기록해 놓은 뒤, 차후 장기간 계획을 세우기 위한 자료로 활용하는 방법도 있다.

자기 평가와 피드백

자신의 목표 달성 여부를 점검하고 부족한 부분을 보완하는 과정은 학습 전반에서 매우 중요하다. 이를 통해 자신의 강점과 약점을 파악하여 학습 계획을 효과적으로 조정할 수 있기 때문이다. 스케줄러를 준비하여 매일 학습 일지를 작성하고, 학습 내용을 요약하는 습관은 큰 도움이 될 것이다. 손쉽게 활용할 수 있는 핸드폰 메모장 등을 이용하면 좋다.

동기 부여

자기주도학습에서는 중요한 역할을 하는 것 중 하나는 바로 내적 동기이다. 스스로 작은 목표를 세우고 달성할 때마다 작은 보상을 주는 방식도 좋다. 예를 들어, 목표를 모두 달성했을 때 간식을 먹거나 휴식을 취하는 습관을 들이는 것은 학습의 지루함을 줄이고 지속적인 동기를 부여할 수 있다.

자기주도학습이 되지 않는 아이에게 위와 같은 방법으로 해보라고 이야기하는 것만으로 아이들은 변화하지 않는다. 아이와 함께 다음 과정들을 진행해 보는 것을 추천한다. 아이뿐만 아니라 학부모들도 함께하고, 아이들이 익숙해질 때까지 면밀히 관찰하셔야 하는 것이 자기주도학습의 핵심이다.

이제부터는 조금 다양한 관점을 활용한 자기주도학습 전략에 대해 알아보겠다. 경영학, 심리학, 인지과학의 관점을 활용한 자기주도학습 방법을 소개하려 한다.

먼저, 경영학적 관점에서 자기주도학습에 적용하기에 적절한 전략은 Plan-Do-See 전략이다. Plan-Do-See는 학습 계획을 세우고(Plan), 실행하며(Do), 평가하고 수정하는(See) 3단계 과정으로 이루어져있다. 이 방법은 학습자의 능동적인 학습 관리와 목표 달성을 돕는 효과적인 방법이다. 좀 더 자세히 살펴보자.

❶ Plan(계획)

Plan 단계에서는 학습자가 명확하고 구체적인 목표를 설정하는 것이 중요하다. 예를 들어, "한 달 안에 수학 문제집 한 권을 끝내겠다."와 같은 구체적인 목표를 세우고, 이를 달성하기 위해 필요한 세부 계획을 세운다. 목표를 주 단위, 일 단위로 세분화하여 학습의 방향을 설정하면 달성 가능성이 높아진다. 주 단위, 일 단위의 학습 계획 수립이 어려운 경우에는 학교 수업 시간표에 따라 매일의 계획을 세워보는 것도 좋은 방법이다.

시중 문제집의 앞부분에는 이런 학습계획에 도움이 될 수 있는 스케줄러 또는 계획표가 첨부되어 있다. 이것을 적극적으로 활용하면 별도의 학습체크 시스템을 만들 필요가 없다.

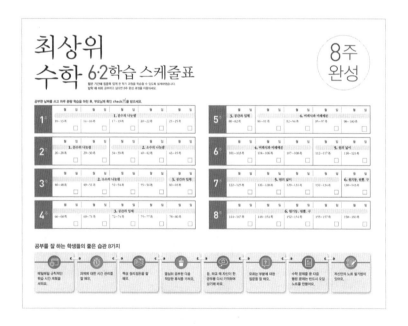

또한 학습자의 상황에 맞춘 시간 배분과 우선순위 설정이 필요하며, 자신이 어떤 학습 방법을 사용할지 계획하는 것도 이 단계에서 이루어

져야 한다.

❷ Do(실행)

계획을 세웠다면 이제 실천을 해야 한다. 필자가 좋아하는 스포츠 브랜드의 슬로건이 있다. 'JUST DO IT!' 한 번쯤 들어본 적이 있을 것이다. 이 단계는 Plan 단계에서 세운 계획을 실천에 옮기는 단계이다. 계획을 실천하는 과정에서 가장 중요한 것은 지속성이다. 자신의 진도와 목표 달성 여부를 매일 확인하면서 계획대로 진행하고 있는지 지속적으로 점검해야 한다. 또한 학습 중 어려움을 겪는 부분이 생기면 즉각적으로 체크하고, 바로 확인하는 적극적인 태도도 필요하다. Do 단계는 학습 실행력을 높이고, 계획을 현실화하는 과정이므로, 즉각적으로 확인하며 진행하는 학습이 이루어져야 한다. 시험기간이 다가오기 전에 80~90%의 학습이 이루어져 있어야 시험기간에 더 효율적인 마무리 학습이 가능하다.

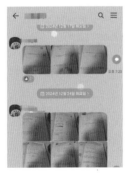  

요건 26번인데 순서대로 해보고
안되는 부분 정확히 질문~!

선생님 제가 문제를 풀었는데
해설지랑은 방법이 다릅니다. 혹시 이
풀이 자체가 틀린 풀이인가요?

2개짜리
78-36
89-69
없어용~^^

선생님 78-10번을 30분?그정도
풀었는데도 2개가 안보여요

게 답장
선생님 78-10번을 30분?그정도 풀었는...
찾아낸거 찍어서 보내주세요~^^

선생님 안녕하세요
오늘 숙제 했습니다
어제 숙제 안올려서 오늘 같이
올렸습니다

❸ See(평가 및 클리닉)

See 단계에서는 학습 성취도를 확인하고 반성하는 과정이다. 필요하다면 매일, 주 단위 또는 한 단원이 끝났을 때 교과서 평가 문제집이나 시중 문제집을 이용하여 테스트를 진행하고 성취도를 체크하는 것이 좋다. 이때 틀린 문제를 완전히 모르는 것인지, 헷갈려서 틀린 것인지의 여부를 가려내 구분하고 다시 확인 학습을 진행해야 한다. 수학의 경우에는 시중에 나와 있는 문제은행 프로그램에 개인적으로 가입하여 성취도와 분석표를 제공받을 수도 있다. 오답노트 또는 오답

포스트잇을 이용하는 것도 좋은 방법이다. 필자는 학원생들에게 오답 갤러리를 활용하도록 하고 있다. 오답갤러리는 학생들과 한몸인 핸드폰 사진첩에 자신이 고친 오답문제를 촬영하여 저장해 놓은 뒤 수시로 확인하고, 완벽히 이해된 문제 이미지는 삭제하는 방식으로 진행하는 공부법이다. 이 방법은 핸드폰을 이용해야 한다는 단점은 있지만, 틀린 문제를 언제 어디서든 다시 확인할 수 있다는 장점이 있어 장려하고 있다.

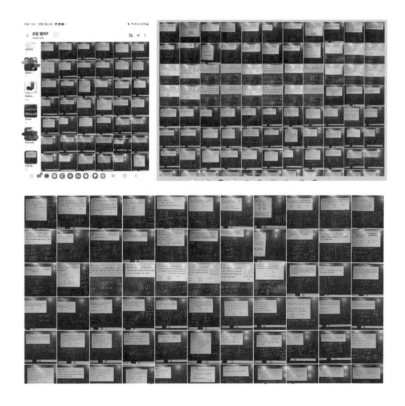

다음은 심리학적 관점이다. 심리학적 관점에서는 자기주도학습을 촉진할 수 있는 방법으로 자기 효능감(Self-Efficacy) 향상과 강화 이론 (Reinforcement Theory)을 활용할 수 있다. 자세히 알아보자.

자기 효능감(Self-Efficacy) 향상

자기 효능감은 자신이 특정 과제를 효과적이고 성공적으로 수행할 수 있다고 믿는 신념과 기대감으로, 높은 자기 효능감은 학습 동기와 학업 성취에 긍정적인 영향을 미친다. 다음과 같은 방법들을 통해 자기 효능감을 높일 수 있다.

❶ 작은 성공의 반복적 경험

처음부터 큰 목표를 설정하기보다는 작은 목표를 반복적으로 달성함으로써 성공 경험을 쌓는다. 예를 들어, "하루에 10분씩 영어 단어 외우기"와 같이 쉽게 달성할 수 있는 목표를 설정하고, 이를 꾸준히 이뤄내면서 성취감을 느끼는 것이 중요하다.

❷ 롤모델 선택하고 따라가기

또래 친구가 노력하여 성공하는 모습을 보면, '나도 할 수 있다'는 자기 효능감을 얻을 수 있다. 자신이 성취하고자 하는 과목에서 두각을 드러내는 친구를 롤모델로 정하고, 그 친구의 학습방법과 학습과정을 참고하여 학습에 적용해 보는 것이다. 예를 들어, 나보다 수학을 잘하는 친구가 풀고 있는 문제집을 나도 사서 풀어보거나, 그 친구가 하고 있는 공부습관 등을 잘 파악하여 따라 해보는 방법이다. 이를 통해 '나도 충분히 도전해 볼 수 있겠구나!'라는 감정을 느껴보는 것이 중요하다. 주의해야 할 것은 현재 나와 실력 차이가 너무 많이 나는 롤모델을 선택했을 경우에는 따라갈 수 없다는 좌절감을 느낄 수도 있어, 오히려 부정적인 영향을 받게 될 수 있기 때문에 롤모델 선택은 신중하게 해야 한다.

❸ 긍정적 마인드 컨트롤

긍정적 생각 역시 학습에 대한 자신감을 키울 수 있는 좋은 방법이다. 예를 들어, "나는 이 문제를 잘 풀어낼 수 있어!"와 같은 긍정적인 자기 암시는 스스로에 대한 신뢰감을 높여준다. 더불어 주변에서 학부모님이나 선생님, 친구 그리고 가족들이 "넌 충분히 해낼 수 있어!"라고 표현해 주면 더욱 도움이 된다.

강화 이론(Reinforcement Theory) 활용

강화 이론은 과거에 보상이나 성취를 느꼈던 행동은 강화되며, 과거에 부정적인 영향이나 불쾌감을 느꼈던 행동은 억제되는 경향이 있다는 학습원리에 관한 이론이다. 이는 긍정적 강화, 내적 보상과 외적 보상 결합, 간헐적 보상 시스템으로 세분화하여 설명이 가능하다.

❶ 긍정적 강화

긍정적 강화는 학습 목표를 달성했을 때 보상을 제공하는 방법이다. 학습목표량을 모두 끝냈을 때 받는 보상은 쾌감으로 남아서 동기를 지속할 수 있게 해준다. 예를 들어, 정해진 과제와 진도 범위를 끝낸 학생들에게 조기 퇴근권을 준다든지, 숙제 면제권을 준다든지 하는 방식으로 진행하면 된다. 카톡 선물 기능을 이용해서 간식쿠폰을 주는 것도 하나의 방법이다.

❷ 내적 보상과 외적 보상 결합

단순히 외적인 보상만 의존하지 않고, 성취감을 통해 오는 내적 보상을 강화하는 것도 중요하다. 예를 들어, 학습의 과정을 관찰한 선생님이나 학부모님이 칭찬과 응원을 아낌없이 할 경우, 스스로 해냈다는 성취감과 칭찬의 말들이 결합되어 더욱 오랫동안 기억에 남을 긍정적 경험으로 이어질 수 있기 때문이다.

❸ 간헐적 보상 시스템

모든 목표를 달성했을 때 보상을 하는 대신, 간헐적으로 보상을 주어 학습 효과를 극대화하 는 방법이다. 긴 기간 지루한 목표달성이 예상될 시에 진행할 수 있는 방법으로서, 정기적인 보상이 아니라 랜덤하게 보상을 함으로써 동기를 지속적으로 자극할 수 있다. 시험기간 문제집 풀이 상황을 체크하면서 풀이가 잘되어 있는 문제를 일부러 찾아 칭찬과 더불어 보상을 하는 것이다. 이 경우 학생은 예상치 못한 보상의 기쁨을 맛보게 되고, 이후에도 이러한 기대들이 증폭된 상태에서 학습을 하게 된다. 이는 학습 동기를 지속적으로 유지하는 데 긍정적인 영향을 줄 수 있다.

메타인지(Metacognition) 전략

마지막으로, 인지과학의 관점이다. 인지과학에서는 자기주도학습을 효과적으로 지원하는 방법으로 메타인지(Metacognition) 전략과 간격반복(Spaced Repetition) 학습법을 예로 들 수 있다.

메타인지는 자신의 생각과 학습 과정을 스스로 점검하고 조절하는 능력을 말하며, 자기주도 학습에서 핵심적인 역할을 한다. 메타인지 전략을 사용하면 학습자는 자신의 강점과 약점을 파악하고, 효과적인 학습 전략을 선택할 수 있다.

❶ 자기 점검 질문 활용

학습 중에 스스로에게 "이 내용을 정말 이해했는가?", "이 문제를 어떻게 풀어야 할까?", "설명할 수 있을 정도로 이해했는가?" 같은 질문을 던짐으로써 자신의 이해도를 확인할 수 있다. 이렇게 질문을 통해 학습 내용을 스스로 점검하면, 더욱 깊이 있고, 효과적인 학습이 가능하다.

❷ 학습 계획의 반성 및 조정

학습 후에 "어떤 학습 방법이 효과적이었는가?", "어떤 부분에서 어려움을 겪었는가?"와 같은 반성 질문을 통해 학습 과정을 돌아보고 필요하면 전략을 수정하면 된다. 이를 통해 학습자는 학습 방법을 지속적으로 개선해 나갈 수 있다.

간격 반복(Spaced Repetition) 학습법

간격 반복은 뇌의 장기 기억 형성을 돕는 학습법으로, 시간 간격을 두고 학습 내용을 반복하는 방식이다. 뇌과학에 따르면, 일정 간격을 두고 반복이 이루어질 때의 학습 정보가 장기 기억에 더 효과적으로 저장된다고 알려져 있다. 간격 반복 학습법을 통해 학습자는 더 적은 노력으로 더 오래 기억할 수 있게 되는 것이다. 이러한 개념을 기반으로 실제 활용할 수 있는 방법을 소개해 보겠다.

❶ 학습 스케줄을 통한 간격 설정

학습 스케줄을 통한 간격 설정 방법은 첫 학습 이후 일정 간격을 두고 복습하는 것이 핵심이다. 한 가지 내용을 학습한 다음 하루 후, 3일 후, 일주일 후 같은 방식으로 점점 간격을 늘려가면서 학습 내용을 다시 확인하는 것이다. 이때 특정 개념이나 문제의 상단 부분에 자신만의 표시를 해두고 복습 횟수 등을 체크해 나가면 더욱 효율적으로 공부할 수 있다.

❷ 플래시카드 어플 활용

간격 반복 훈련에 유용한 도구로 플래시카드 어플 활용하기를 언급해 볼 수 있다. 플래시카드 어플(예: anki)은 어려워하는 내용을 자주 보여주고, 익숙한 내용은 더 긴 간격으로 보여주는 방식을 활용하기 때문에 기억을 최적화해 준다.

"실천은 꿈을 현실로 만드는 힘이다." - 피터 드러커
"오늘의 나을 반성하고 내일의 나를 준비하라!" - 미셸 오바마

꾸준한 실천과 반성의 반복은 자기주도학습의 핵심이다. 작은 성취를 쌓아가며 스스로를 점검하고 개선하는 과정은 단순히 성적을 높이는 것을 넘어, 평생 학습자로서의 자율성과 창의성을 키워 준다. 학습에 대한 끊임없는 도전과 성찰이 쌓여 더 큰 성장을 이루고, 이를 통해

학생들은 변화하는 세상 속에서 스스로 길을 찾는 능력도 갖출 수 있을 것이다. 지속적인 노력과 반성은 곧 미래를 여는 열쇠이다.

06

24시간을 지배하라, 시간 관리로 학습 성과 200% 끌어올리기

우선순위 설정부터 타임 블로킹까지, 쉬운 시간관리 팁

시간 관리는 학습 성취와 직결되는 중요한 요소 중 하나이다. 아무리 열심히 노력해도 시간을 비효율적으로 사용하면 성과를 기대하기 어렵다. 특히 학생들은 학업과 다양한 활동을 병행해야 하기 때문에, 시간 관리를 어떻게 하느냐에 따라 성적과 삶의 질이 달라질 수 있다. 효과적인 시간 관리는 학습 효율성을 높이는 동시에 일상에서 더 많은 성취감을 느끼게 도와준다. 이번 장에서는 시간 관리의 중요성과 더불어, 시간을 효율적으로 사용할 수 있는 다양한 방법을 제시하려고 한다.

시간 관리의 중요성

❶ 효율성 극대화

효과적인 시간 관리는 학습 효율성을 극대화하는 데 중요한 역할을 한다. 많은 학생들이 시험 직전이나 과제 마감이 임박했을 때 몰아서 공부하는 경향이 있다. 이는 시간의 압박으로 인해 스트레스를 유발하고 학습의 질을 떨어뜨린다. 반대로 시간 관리를 잘하면 충분히 시간을 확보하여 계획적으로 공부할 수 있고, 더 나아가 학습에 대한 자신감도 높아지게 된다.

시간 관리를 어떻게 해야 할지 그 방법을 구체적으로 살펴보면, 한 번에 긴 시간을 공부하는 것보다 일정한 시간 간격으로 나누어 학습하는 것이 더 효과적이라는 연구 결과가 많다.

대표적인 사례로는 분산 학습(Distributed Practice) 또는 간격 학습(Spaced Repetition) 이론이 있다.

먼저, 심리학자 에빙하우스(Hermann Ebbinghaus)의 연구를 살펴보면, 인간이 학습한 정보를 시간이 지남에 따라 잊어버리는 과정을 설명한 망각 곡선(Forgetting Curve)을 제시하고 있다. 학습한 내용을 한 번에 집중적으로 암기하는 것보다 시간 간격을 두고 반복적으로 학습하는 것이 장기 기억에 더 효과적이라고 주장했다. 시간 간격을 두고 복습할 경우 망각 속도가 느려지며, 더 오래 기억에 남는다는 사실을 실험을 통해 증명하였다. 또한 콜픽(Cepeda)과 그의 동료들이 진행한 연구에서도 유사한 결과가 나타났다. 동일한 학습 시간을 투자하더라도, 짧은 시간 동안 집중적으로 학습하는 것보다 일정한 간격을 두고 학습하는 것이 기억 유지에 더 효과적임을 밝혀냈다. 이 연구는 분산 학습이 장기 기억 형성뿐 아니라 시험 성적 향상에도 긍정적인 영향을 미친다는 결론을 도출했다는 점에서 의미가 크다.

왜 간격 학습이 더 효과적일까?

첫째, 인출 연습(Recall Practice)을 통해 학습자는 기억을 되살리기 위해 노력하면서 정보를 더 깊이 각인하게 된다.

둘째, 일정한 간격으로 학습 내용을 반복하면 망각 곡선이 다시 끌어올려져 정보가 더 오래 기억에 남게 된다.

마지막으로, 인지 과부하(Cognitive Overload)를 줄일 수 있다. 한꺼번에 많은 내용을 학습하면 뇌가 과부하에 걸려 정보가 제대로 저장되지 않지만, 간격을 두고 학습하면 뇌가 정보를 충분히 소화할 시간이 생겨 더 효과적으로 기억을 저장할 수 있다.

이렇게 시간을 나누어 공부할 수 있는 계획을 세우려면 먼저 자신의 하루 일과를 점검하고, 학습 시간을 미리 확보해야 한다. 이런 과정을 통해 더욱 체계적으로 학습 계획을 세울 수 있다.

❷ 학습과 학습 외 생활의 밸런스

시간 관리는 학습뿐만 아니라 생활 전반의 균형을 맞추는 데도 중요
한 역할을 한다. 우리는 공부뿐만아니라 독서, 운동, 휴식 등 다양한 활
동에 시간을 할애해야 한다. 하지만 시간이 부족하면 학습 외의 활동
을 소홀히 하게 되어 결국 생활의 균형이 무너질 수 있다. 균형 잡힌 생
활은 장기적으로 학습의 지속 가능성을 높이고, 전반적인 삶의 질을 높
여준다.

예를 들어, 규칙적인 운동이나 적절한 휴식 시간을 계획에 포함시키
면 스트레스가 줄어들고 학습에 대한 집중력도 오히려 높아진다. 따라
서 학습과 학습 이외 활동의 밸런스가 유지되어야 한다는 점을 기억해
야 한다.

시간 관리 원칙과 방법

❶ 우선순위 설정하기

효과적인 시간 관리를 위해서는 우선순위를 설정이 필수이다. 해야
할 일이 많을 때 무엇을 먼저 해야 할지 혼란스러울 수 있다. 이럴 때는
중요한 것과 그렇지 않은 것, 급한 것과 그렇지 않은 것을 구분하면 훨
신 효과적으로 시간 관리를 할 수 있다.

대표적인 우선순위 설정방법 중 하나가 긴급도-중요도 매트릭스이다. 이 방법은 일을 중요도와 긴급도에 따라 네 가지로 분류하는 방식이다.

A. 중요하고 긴급한 일 : 즉시 처리해야 할 중요한 과제나 학습을 말한다.
　　예: 시험 전날 마지막 복습, 내일 제출해야 할 수행평가, 과제
B. 중요하지만 긴급하지 않은 일 : 중장기적으로 중요한 과제. 장기적인 목표를 위해 미리 많은 시간을 할애해야 하는 학습이나 프로젝트가 여기에 해당된다.
　　예: 다음 달에 있을 발표 준비, 탐구 보고서 작성.
C. 긴급하지만 중요하지 않은 일 : 처리 시간이 급하지만, 장기적인 목표와는 관련이 적은 일
　　예 : 친구의 부탁이나 갑작스러운 약속.
D. 긴급하지도 중요하지도 않은 일 : 학습과 무관한 활동이나 시간 낭비를 유발하는 일.
　　예: 인터넷 서핑, SNS 보기.

이 매트릭스를 활용하면 우선순위를 명확히 하고, 무엇에 집중해야 할지 쉽게 파악할 수 있다.

❷ 시간 기록과 평가

자신의 시간을 어떻게 사용하는지 파악하려면 먼저 시간을 기록하는 습관이 필요하다. 많은 학생들이 시간을 계획하지 않고 흘러가는 대로 사용하다 보니, 하루가 끝날 때 자신이 무엇을 했는지 잘 기억하지 못하는 경우가 많다. 시간을 기록하면 자신의 하루 일과 중 어느 부분에서 시간을 낭비했는지, 어떤 활동이 비효율적인지 명확히 파악할 수 있다.

시간을 기록하기 위해서는 간단한 메모장이나 스마트폰의 시간 기록 앱을 사용하면 효과적이다. 일주일이나 한 달 단위로 자신의 시간을 평가하면 학습 계획을 조정하는 데 큰 도움이 된다.

❸ 계획 세우기와 시간 차단법

계획을 세우는 것은 시간 관리를 위한 기본적인 전략이다. 일간, 주간, 월간 계획을 세워 목표를 설정하고 그에 맞는 시간을 배분해야 한다. 계획은 구체적일수록 실천 가능성이 높아진다. 단순히 "수학 공부하기"보다 "오늘 오후 2시부터 4시까지 수학 문제 10개 풀기"와 같이 구체적인 목표와 시간을 명시하면 계획을 지키는 데 도움이 된다.

시간 차단법(타임 블로킹)을 활용하면 집중력을 높일 수 있다. 시간 차단법이란 특정 시간대를 미리 정해두고 그 시간에는 한 가지 일에만 집중하는 방법인데, 예를 들어 오전 9시부터 11시까지는 영어 공부, 오후 2시부터 4시까지는 수학 과제에만 몰두하는 식으로 시간을 나누어 활용하는 것이다. 이 방법은 한 가지 일에 집중할 수 있도록 도와주며, 다중작업으로 인한 집중력 분산을 방지해 준다는 장점이 있다.

짧은 시간 동안 집중을 하고, 그 이후에 잠깐의 휴식을 취하는 '포모도로' 기법도 시간 관리에 효과적이다. 이 기법은 25분 동안 집중해서 공부한 후 5분간 휴식을 취하는 방식으로 진행 가능하다. 집중력을 극대화하면서도 피로를 방지할 수 있다는 강점이 있다. 4번의 포모도로를 완료한 후에는 15분에서 30분 정도의 긴 휴식을 취하면 좋다. 이 방법은 집중력이 쉽게 흐트러지거나 긴 시간 공부하기 어려운 학생들에게 적합하다.

실천 가능한 구체적인 시간 관리 팁

❶ 2분 규칙 적용하기

작은 일을 미루는 경향이 많은 경우 '2분 규칙'을 적용하는 방법을 활용하시면 좋다. 2분 안에 끝낼 수 있는 일은 즉시 처리하는 습관을 갖는다. 예를 들어, 간단한 복습이나 단어암기 등 짧은 시간 안에 처리할 수 있는 일들을 바로 해결하면, 해야 할 일이 쌓이는 것을 방지할 수 있기 때문이다. 시간도 절약되고, 전체적인 학습 계획에 집중할 수 있는 여유가 생기게 된다.

❷ 성과 기록하기

매일 공부한 성과를 기록하면 학습 동기가 더 강해진다. 이 방법은 하루하루 작게나마 성취한 일들을 적어보는 방법이다. 예를 들어, "수학 문제 10개 풀기 완료", "영어 단어 20개 외우기 완료"처럼 작은 성과도 기록하는 것이 좋다. 이렇게 성과를 기록하면 자신이 얼마나 꾸준히 학습하고 있는지 확인할 수 있어 스스로에게 성취감을 줄 수 있다. 쌓이는 작은 성취들이 장기적으로는 가시적으로 표현되어 학습 지속성에도 도움이 된다.

❸ 완료일 앞당기기

스스로 완료일을 앞당기는 것도 효과적인 방법이다. 예를 들어, 과제가 10일 후 제출이라면 스스로 7일 후를 완료일로 앞당겨 설정하는 것이다. 이렇게 하면 예상치 못한 상황에 대비할 여유를 가질 수 있고, 과제 마감일 전에 과제를 미리 끝낼 수 있어서 수정할 시간도 확보할 수 있다. 실제로 이렇게 하면 마감일에 임박해서 일을 처리하는 것보다 훨씬 여유롭게, 고품질의 결과물을 만들 수 있다. 또한 이런 방식은 마감 스트레스를 줄여주고, 더 체계적이고 안정적인 시간 관리를 가능하게 한다.

❹ 주기적인 복습 시간 확보

새로운 내용을 학습한 후 바로 복습하지 않으면 금방 잊어버리기 쉽다. 그러므로 매일 일정한 시간을 복습에 투자하는 습관을 들이는 것이 중요하다. 하루 일과를 계획할 때 복습 시간을 따로 설정해 두면, 배운 내용을 확실히 내 것으로 만들 수 있다.

특히 24시간 이내에 복습하는 것이 가장 효과적이라고 알려져 있다. 학습한 내용을 24시간 내에 복습하면 장기 기억으로 전환될 가능성이 높아지고 이를 통해 단기적인 암기보다는 지속적인 기억을 형성할 수 있고, 시험이나 중요한 발표 등에서도 더 높은 성과를 기대할 수 있다. 매일 밤 짧게라도 그날 배운 공부를 복습하면 학습 효율을 극대화할 수 있다.

❺ 생산성 관리 도구 활용

스마트폰 등을 활용한 생산성 관리 어플들도 시간 관리에 도움이 된다. 스마트폰이나 컴퓨터에는 시간을 기록하거나 계획을 세우는 데 유용한 다양한 앱들이 있다. 이를 잘만 활용하면 더욱 체계적인 시간 관리가 가능하다. 예를 들어, 뽀모도로 타이머는 일정한 시간 동안 집중하고, 일정 시간 휴식하도록 설정되어 있어 시간을 자동으로 관리해 준다. 그리고 트렐로(Trello)나 노션(Notion)과 같은 앱은 할 일 목록을 작성하고 진행 상황을 관리하는 데 매우 유용하다. 또한 포레스트(Forest)와 같은 앱은 집중력을 높이기 위해 사용되는데, 이 앱은 공부할 때 스마트폰 사용을 막아주고, 일정 시간이 지나면 가상 나무가 자라도록 설정해 집중력을 유지하도록 도와준다.

집중과 휴식의 균형

시간 관리에서 중요한 것은 학습과 휴식의 균형을 유지하는 것이다. 오랜 시간 공부를 하다 보면 피로가 쌓이고 집중력이 떨어질 수 있다. 반대로 휴식을 너무 많이 취하면 학습 리듬이 깨지고 동기 부여가 약해질 수 있다. 따라서 적절한 시간 동안 집중한 뒤, 충분한 휴식을 취하는 등 둘의 균형을 지키는 것이 중요하다. 이때 스트레칭을 하거나 가벼운 산책을 하는 것도 학습 효율을 높이는 데 도움이 된다.

성공적인 시간 관리 사례

스티브 잡스(IT 기업가)는 집중의 힘을 중요시했다. 애플에서 일할 때 우선순위를 정해서 불필요한 프로젝트들은 과감히 제거하고 핵심 제품에만 몰두해서 업무를 해나갔다. 그 결과 아이폰, 아이패드 같은 혁신적인 제품을 탄생시켰다.

일론 머스크(기업가)는 타임 블로킹 방식을 활용해 하루를 5분 단위로 쪼개어서 일정을 관리하면서 여러 회사를 운영하였다고 한다. 그렇게 하면서도 생산성을 높이는 성과를 얻었다는 점은 매우 주목할 만한 점이다.

칼 뉴포트(작가/학자)는 딥워크의 개념을 제안했다. 방해요소를 모두 차단하고 깊이 있는 집중을 통해 짧은 시간에 높은 성과를 내는 방식이다. 덕분에 그는 대학교수직을 수행하면서도 여러 권의 베스트셀러를 쓸 수 있었다고 한다.

이처럼 시간 관리는 공부뿐만 아니라 삶 전체에 영향을 미친다. 시간을 잘 쓰면 학습 효과도 높아지고, 삶의 균형도 맞출 수 있다. 목표를 이루는 데 필수적인 만큼, 그 중요성은 아무리 강조해도 지나치지 않다.

"언제나 시간을 존중하고, 대단히 중요한 것에 집중하라" -릭 워렌-

"시간은 가장 공평한 자원이다. 모두에게 동일한 양이 주어지지만 어떻게 사용하느냐에 따라 차이가 난다" -세스 게딘-

07

디지털 시대, 학습 방식은 어떻게 바뀌고 있나?

온·오프라인 융합형 학습으로 시너지 높이기

변화하는 교육 환경과 디지털 학습의 미래

AI 디지털 교과서? 많이 들어봤겠지만, 어떤 것인지 아직 막연하기만 하다. 현재의 부모 세대들은 종이책, 종이 교과서가 익숙한 세대이기 때문이다. 새 교과서를 받으면 달력으로 표지를 싸거나, 비닐로 겉표지를 싸서 소중한(?) 교과서를 보호하는 신성한 작업을 했던 아련한 추억이 있을 것이다. 그런데 AI 디지털 교과서라니? 생소하고, 낯설게 느껴지는 게 당연하다.

AI(인공지능)는 artficial intelligence의 약자로, 한마디로 말하면 인간의 지능을 모방하는 컴퓨터 시스템을 연구하는 분야이다. 이것을 바로 우리 아이들이 공부하는 교과서에 접목시킨 것이 AI 디지털 교과서다. 이 책이 출간되는 시점인 2025년 3월부터는 대한민국의 중1과 고1 학생들에게 디지털 교과서가 보급되기 시작한다. 하지만, AI기술 자체는 이미 우리 생활 곳곳에 스며들어 있다. 그러니 어쩌면 우리 아이들은 디지털 교과서 시대 이전에 이미 실생활에서 디지털 환경에 적응한 상태로 삶을 살고 있을지도 모른다. 하지만 학습을 위한 디지털 사용과 생활의 유용함을 통해 익힌 디지털 사용은 의미가 다르다. 이번 장에서는 디지털 교과서 보급을 앞두고 학부모들이 생각해 봐야 할 사안들을 이야기해 보려고 한다.

디지털 학습 도입을 위한 부모의 준비 사항

디지털 환경에서 아이들이 제대로 된 교육을 받으려면 부모도 준비가 필요하다. 어떤 것들을 챙겨야 할지 하나씩 살펴보자.

❶ 아이의 스마트 기기 사용 습관과 디지털 문해력 점검

요즘 아이들, 즉 알파세대(α세대)는 태어나면서부터 디지털 기기에 익숙한 세대다. 디지털 원주민이라는 표현도 있다. 반면, 우리 부모 세대는 디지털 유목민으로 주로 텍스트 검색을 하며 디지털 기기를 사용해왔다.

알파세대는 텍스트보다는 영상과 음성으로 정보를 찾는 경향이 있다. 이 방식은 빠르고 직관적인 정보 습득이 가능하지만, 깊이 있는 사고와 창의성 개발에는 부정적인 영향을 미칠 수 있다는 연구도 있다. 실제로 '팝콘 브레인' 현상이라는 말이 있다. 이 개념은 디지털 기기에 과도하게 노출되면 뇌의 신경세포들이 정보를 연결하고 구조화하는 능력이 감소하는 현상을 뜻한다. 깊이 있는 사고는 뇌의 전두엽을 활성화하고 사고력을 키우는 활동을 통해 이루어지는데 '팝콘브레인' 현상을 예방하고 사고력을 유지하기 위해서는 독서가 그 해답이다.

결국, 디지털 시대에도 독서는 필수라는 얘기다. 그렇기 때문에 디지털 시대에 변화된 교육 시스템 속에서도 책 읽기는 지속적으로 이루어지고 생활화되어야 한다. 아이들에게 독서를 장려하는 것이 디지털 시대에 자녀를 둔 학부모가 자녀에게 해야 할 큰 역할이다.

❷ 디지털 기기 사용과 독서 규칙 만들기

아이들은 수많은 영상 콘텐츠와 게임에 노출되어 있다. 정부의 규제와 제작사 심의 제도가 있기는 하지만, 인터넷 곳곳에는 여전히 자극적인 영상과 표현들이 넘쳐난다. 이를 방치하면 아이들은 친구들도 다 보는 하나의 문화로 받아들이게 된다.

따라서 아래와 같이 디지털 기기 사용 규칙을 아이와 함께 정하는 것을 추천한다.

- 유해한 콘텐츠 차단 - 스마트폰 설정으로도 가능
- 유용한 어플 활용 - 유해 콘텐츠 차단 어플 활용
- 사용 시간 제한 - 자발적인 시간제한이 가장 합리적이지만 아이와 함께 규칙을 정하는 것 추천

독서 습관도 함께 만들어야 한다. 아이들에게만 책을 읽으라고 하면 효과가 없다. 가족이 함께 독서하는 분위기를 만들어야 한다. 예를 들어, 거실에 책상을 두고 그 위에 항상 5~6권의 책을 올려놓는다. 시간이 날 때마다 부모가 거실에서 책을 읽으면 아이들도 자연스럽게 책을 접하는 시간이 많아진다.

또한, 같은 책을 읽고 이야기하는 것도 좋은 방법이다. 함께 독서를 하며 생각을 나누다 보면, 아이의 표현력과 사고력에 놀라는 순간이 분명 올 것이다. 물론, 인내가 필요한 과정이지만 꾸준히 시도해 보면 효과를 볼 수 있다.

❸ 지속적인 관심과 소통

아이들은 방치되거나 무시되는 환경에서 불편함을 느끼지 않는다. 오히려 자유롭게 행동할 수 있는 허락된 환경이라고 생각한다. 하지만 나중에 함께 무언가를 하려 하면, 어색하고 불편해할 가능성이 크다.

처음에는 귀찮아할 수도 있지만, 지속적인 관심과 소통을 이어가면

아이도 조금씩 마음을 열게 된다. 무조건 금지와 제한보다는 아이의 생각을 존중하고 들어주는 것이 중요하다.

한번은 필자가 퇴근 후 초등학교 6학년 막내가 거실에서 노트북으로 일본 애니메이션을 보고 있는 모습을 봤다. 일본 애니메이션 중에는 폭력적이고 자극적인 내용이 많다. 하지만 바로 제지하지 않고 옆에 조용히 앉아 5분 정도 함께 시청했다.

그 후 아이에게 줄거리와 기억에 남는 장면을 물어봤다. 아이는 요약을 잘했고, 영상을 보는 이유가 '속이 뻥 뚫리는 느낌'이 들어서라고 말했다. 그래서 나는 비슷한 느낌을 받을 수 있는 다른 영화나 콘텐츠가 많다는 것을 알려주고, 같이 보자고 약속했다.

이 과정에서 아이는 아빠의 조언보다 함께 영상을 보고 대화를 나눴다는 것에 더 의미를 둔 것 같았다. 이런 작은 순간들이 쌓이면 아이와의 관계는 더 깊어진다.

❹ 디지털 교육에 대한 부모의 지속적인 관심

바쁘다는 이유로, 어렵다는 이유로 디지털 교육을 외면하면 아이에게 돌아가는 혜택도 줄어든다. 부모도 배우고 함께 성장해야 한다. 각 시도교육청 사이트, E학습터, 주니어 커리어넷, 크레존, 학부모on누리 같은 디지털 교육 관련 자료들을 살펴보는 것만으로도 큰 도움이 된다.

에듀테크는 온라인 교육 환경을 개선하고 학습의 질을 높이는 데 도움을 주는 기술이다. 실제로 학교에서도 다양한 에듀테크 도구들을 활용하고 있다. 내 아이들이 어떤 에듀테크를 이용하고 있는지 아는 것이 디지털시대에 아이들과 함께 살아가는 첫걸음이다. 어떤 에듀테크가 학교교육에 적용되고 있는지 알아보자.

1) 학급 관리 서비스

학급 관리 서비스는 온라인상에서 학급을 구성하여 학생 및 학부모와 소통하고, 과제를 관리할 수 있도록 도와주는 시스템이다.

네이버 밴드, 카카오톡과 같은 SNS를 통해 활용되고 있다. 클래스팅, 위두랑, 하이클래스와 같은 교육 전용 도구는 공지 전달, 과제 제출, 학부모와의 커뮤니케이션 등을 효과적으로 지원하는 용도로 쓰이고 있다.

2) 학습(수업) 관리 시스템(Learning Management System, LMS)

LMS는 교수 학습 기능과 관련된 모든 것을 통합적으로 지원하는 시스템이다. 수업 콘텐츠 제공, 출석 관리, 과제 포트폴리오화, 평가 기능 등을 포함한다. EBS 온라인클래스, E학습터, 구글 클래스룸, MS 팀즈, 네이버 웨일스페이스 등이 대표적이다. LMS는 온라인 학습의 중심으로 지원되고 있다.

3) 화상 서비스

화상 서비스는 실시간 수업과 조별 활동을 지원하는 도구로, 최근에는 LMS 내에도 화상 기능이 포함되어 활용도가 더 높아지고 있다. 줌, 웨일온, 구글 미트 등이 대표적이다. 화상 서비스는 실시간 커뮤니케이션을 지원하는 중요한 기능을 하고 있다. 그리고 LMS와 함께 사용되고 있다.

4) 협업 도구

협업 도구는 학생들이 동시에 작업하고 결과물을 공유할 수 있도록 도와준다. 구글 워크스페이스(문서, 스프레드시트, 프레젠테이션). 페들렛, 구글 잼보드, 알로B캠퍼스, 국산형 띵커벨 보드, 마인드마이스터가 대표적이다. 이 도구들은 아이디어 공유와 협업을 강화하여 학습효과를 높여준다. 하지만 학교나 선생님의 선호에 따라서 그 활용도는 제각각이다.

5) 상호작용 도구

학생들과의 소통과 학습 몰입을 위해 상호작용 도구를 사용하기도 한다.

멘티미터: 워드 클라우드 생성 및 간단한 퀴즈 제공.

카훗: 게임 형식 퀴즈로 학습 몰입도 향상.

띵커벨: 토의, 토론, 퀴즈 게임 지원.

라이브워크시트: 학습지 제출 및 관리.

6) 기타 수업 보조 도구

수업에 활용되는 기타 수업 보조 도구들은 다양한 작업을 지원하는 도구들이다. 이들은 편리한 강의 환경을 만들어 준다.

아이캔 노트: 문서 열기, 확대, 밑줄 기능 제공.

구글 클래스룸 스크린: 타이머, 그리기, 무작위 추첨, QR 코드 생성 등 강의 보조 기능 제공.

학부모의 활용 방법

- 아이가 학교에서 사용하는 LMS 확인하기
- 협업 도구(페들렛, 구글 잼보드)와 상호작용 도구(멘티미터, 카훗) 활용해 보기
- 아이가 자주 사용하는 교육 기술에 관심 갖기

디지털 교과서 시대가 다가오고 있다. 부모도 함께 배우고, 준비하며, 아이와 소통하는 것이 중요하다. 이 변화 속에서 부모의 역할이 더 중요한 시기라는 점을 잊지 말아야 한다.

스마트폰으로도 공부가 될까? AI와 앱을 활용한 학습전략

AI 튜터와 학습 앱으로 시작하는 스마트 러닝 가이드

스마트폰 유혹을 이겨내는 방법

아이들에게 스마트폰 속 온라인 세상은 정말 무궁무진하고 흥미로운 곳이다. 하지만 해야 할 공부는 많고, 스마트폰은 늘 곁에 있어 학습에서 집중을 잘 못하게 되는 경우가 많다. 아무리 유혹을 이겨내려고 해도 집중력에 영향을 미치게 된다. 많은 전문가들이 이야기하지만, 스마트폰의 유혹을 이기는 가장 확실한 방법은 그저 사용을 줄이는 것뿐이다. 피처폰 세대에서 스마트폰 세대로 넘어온 우리 세대와 달리, 태어나면서부터 스마트폰을 접한 지금의 아이들은 이 기기를 마치 신체의 일부처럼 느끼는 경우도 많아, 벗어나기가 쉽지 않다 공부가 중요한 시기에 스마트폰을 보느라 시간을 빼앗기는 아이들을 보면 걱정이 되기도 하고, 문제를 인식하고도 통제하지 못하는 모습을 볼 때는 어떻게 자기 통제력을 길러줄 수 있을지 고민의 연속이다. 이번 장에서는 그 방법에 대해 알아 보고자 한다.

스마트폰 사용 시기 늦추기

가능하면 스마트폰을 접하는 시기를 최대한 늦추는 게 좋다. 실제로 필자의 세 자녀에게 스마트폰을 늦게 마련해 주었고, 꼭 필요할 때만 부모의 스마트폰을 빌려 사용하게 했다. 그 결과, 스마트폰이 없을 때 불안해하는 금단현상을 겪지 않았고, 나중에 갖게 되었을 때도 자제력 있게 사용하는 모습을 보였다.

스마트폰 통제 앱 활용하기

스마트폰 사용을 통제하는 어플을 활용하는 것도 하나의 방법이다. Kroha, Google Family Link, 모바일펜스, Adora, 잼(ZEM) 같은 어플들이 있는데, 필자의 경우 초등학교 저학년 때는 '잼', 이후에는 'Google Family Link'를 사용했다. 초등학생과 중학생에게는 유용하지만, 부모의 지속적인 관리가 필요하다. 시간이 다 되면 "필요한 과제가 있는데 열어주세요." 같은 요청이 많아지고, 아이들이 불만을 가지는 경우도 생긴다. 몇 년 전에는 이런 통제 어플이 인권 침해 논란을 일으키기도 했을 만큼 아이들의 반발이 클 수 있다. 또한, 설치 과정이 다소 복잡하고, 요즘 아이들은 어플을 해제하거나 감시를 피하는 방법까지 찾아내기 때문에 완벽한 통제는 어렵다.

그렇기 때문에, 결국 가장 중요한 것은 아이들이 스스로 통제력을 기르는 것이다. 그렇게 될 때까지 부모가 지속적으로 관심을 가지고 관리해 주는 것이 필요하다.

그렇다면 스마트폰을 아예 차단하지 않고, 스마트폰을 이용해 통제력을 기를 방법은 없을까?

첫 번째로는 아이들이 스마트폰과 잠시 거리를 두도록 시도해보는 것이다. 스마트폰을 물리적으로 멀리 두는 방법과 스마트폰을 곁에 두되 사용에 제한을 두는 방법이 있다. 공부 공간이 아닌 곳에 스마트폰을 두고 일정 시간 동안 사용하지 않도록 하는 것이 스스로 통제력을 기르는 데 가장 좋은 방법이지만, 실천하기는 쉽지 않을 것이다. 그러나 한 번 마음을 독하게 먹고 실천해보면 분명 좋은 결과를 얻을 수 있다.

스스로 제한하는 것을 여러 번 시도했음에도 잘되지 않는다면, 스마트폰을 두되 어플을 이용해 사용을 제한하는 방법을 활용할 수도 있다. '넌 얼마나 쓰니', '스테이프리', '스라벨', '열품타'와 같은 어플은 스마트폰 사용 시간을 데이터로 제공하고, 목표를 설정하는 기능을 가지고 있다. 이러한 어플을 꾸준히 사용하면 순수하게 공부에 집중할 수 있는 시간을 확보하는 데 도움이 될 것이다.

이때 주의할 점은 공부 시간과 휴식 시간의 비율을 잘 조절하는 것이다. 1시간 기준으로 50분 공부하고 10분 쉬는 방식으로 계획을 세우는 것이 가장 좋다. 공부에 집중이 잘될 때는 쉬는 시간을 건너뛸 수도 있지만, 그렇다고 쉬지 않은 시간을 나중에 몰아서 쉬는 것보다는 휴식 시간을 10분으로 제한하는 것이 바람직하다. 쉬는 시간이 길어지면 집중력이 흐트러질 수 있고, 심지어 '오늘은 그냥 쉬자'라는 생각이 들 수도 있다. 만약 집중력이 짧다고 느껴진다면 30분을 기준으로 25분 공부하고 5분 쉬는 방식으로 시작한 후, 점차 시간을 늘려가는 것도 좋은 방법이다.

두 번째 방법은 SNS를 활용하여 공부하도록 하는 것이다. 아이들 사이에서는 이미 '공스타그램'이라는 문화가 형성되어 있다. 공스타그램은 공부와 인스타그램의 합성어로, 자신이 공부한 사진이나 영상을 공유하는 계정을 의미한다. 학생부터 취업준비생, 자기계발을 위한 직장인들까지 다양한 사람들이 공스타그램을 운영하고 있다.

매일 공부 인증 사진을 올리면 자연스럽게 공부하는 습관이 형성되며, 다른 사람들이 자신을 지켜보고 있다는 의식이 동기부여로 작용할 수 있다. 부모 역시 카카오톡이나 가족 밴드를 활용하여 아이와 소통하는 방식으로 오늘의 공부 인증을 요구하거나 독서 기록을 올리게 할 수 있다. 이를 통해 실시간으로 아이들과 소통하며, 카톡 이모티콘이나 밴드 댓글을 활용해 칭찬과 관심을 표현할 수 있다는 장점이 있다.

다만, 다른 사람과 비교하거나 보여주기식 공부로 변질되지 않도록 주의가 필요하다. 부모는 아이가 공부한 과정과 내용을 세심하게 살펴보고, 구체적인 칭찬을 해주는 것이 바람직하다.

세 번째 방법은 적절한 보상을 제공하는 것이다. 무조건 스마트폰 사용을 제한하기보다는 공부를 마친 후 자유롭게 스마트폰을 사용할 수 있는 시간을 주는 것이 더 효과적이다. 예를 들어, 그날 계획한 학습 목표를 달성했을 경우 1시간의 자유로운 사용 시간을 제공하는 방식이 있다. 매일 같은 시간에 자유 시간을 활용하도록 정해두면 더욱 안정적인 학습 습관을 형성할 수 있다.

또한, 앞서 언급한 SNS를 활용하여 쿠폰을 보내는 것도 하나의 보상 방법이 될 수 있다. 가벼운 간식이나 음료 쿠폰을 보내면 아이들이 즉각적인 보상을 받는 느낌을 가지게 되어 동기부여로 작용할 수 있다.

지금부터 수능까지, 아니 어쩌면 평생 동안 공부는 아이들에게 없어서는 안 될 중요한 과정이지만, 결코 쉬운 길은 아니다. 무작정 오래 앉아 있다고 해서 공부가 잘되는 것도 아니다. 중요한 것은 조금씩 꾸준히 시도해 보면서 자신에게 맞는 방법을 찾고, 어제보다 나은 자신을 만들어 가도록 매일 갈고닦는 것이다.

오늘부터 바로 실천해 보자. 아이에 대한 작은 관심과 변화가 결국 큰 성과로 이어질 것이다.

학습에 도움이 되는 유용한 앱과 도구 안내

위에서 언급한 어플들에 대해 간략히 소개해 보려고 한다. 참고해 보길 바란다. 가장 좋은 방법은 '직접 해보는 것'이라는 점을 반드시 기억하자.

열품타(열정품은 타이머) - 시간 관리와 동기부여를 동시에 잡는 스마트 학습 타이머

기능/구분	내용
과목별 시간 측정	- 과목 추가 후 각 과목별로 투두리스트 작성 가능. - 각 과목별 공부 시간을 측정하며 실시간으로 같은 카테고리 사용자들의 학습 시간 확인 가능. - 핸드폰 사용을 줄이는 기능(열품타 외 앱 차단), 허용 앱 설정 가능(안드로이드).
자동 스터디 플래너 작성	- 투두리스트와 공부 시간 측정 데이터를 기반으로 자동 플래너 생성. - 하루 24시간 동안의 시간 관리 현황을 시각적으로 확인 가능.
통계 분석	- 일간, 주간, 월간 학습 추이와 다양한 통계자료 제공. - 시간 관리 문제점 파악 및 개선 방향 설정에 도움.
그룹 기능	- 온라인 도서관처럼 활용 가능한 스터디 그룹. - 공개/비공개 그룹 선택 및 캠스터디 기능 지원. - 그룹 내 채팅, 출석부, 공부 랭킹 기능으로 동기부여 강화.
생산성과 동기부여	- 성취도 평가, 그룹원 간 경쟁, 시간 관리 성찰 기능을 통해 지속적인 생산성 향상 지원.
장점	- 투두리스트 작성과 학습 시간 측정 가능. - 시간 데이터를 기반으로 스터디 플래너 자동 생성. - 학습 패턴 분석으로 문제점 파악 및 개선 지원. - 그룹 활동으로 동기부여 강화. - 앱 차단 기능으로 몰입도 향상.

구분	내용
단점	- 다양한 기능으로 설정 복잡. - 랭킹과 경쟁이 부담으로 작용 가능. - 플랫폼별 기능 차이와 추가 요구 사항. - 그룹 활동이 학습 집중에 방해 가능.
총평	열품타는 시간 관리와 학습 동기부여에 최적화된 도구. 과목별 시간 측정, 자동 플래너, 통계 분석, 스터디 그룹 등 다양한 기능. 추천 대상은 스스로 시간 관리가 어렵거나 동기부여가 필요한 사람들, 체계적으로 학습 계획을 세우고자 하는 사용자. 그러나 단점을 보완하려면 적절히 기능을 활용하고 자신에게 맞는 방식으로 사용해야 함. 학습 생산성과 동기부여를 극대화하고 싶은 사용자들에게 강력히 추천할 만한 앱

틱틱(TickTick) - 효율적인 투두리스트 및 시간관리 어플

구분	내용
폴더 및 카테고리 관리	- 학습 종류별 폴더 생성 가능. - 하위 폴더 추가 가능. - 카테고리별 순서 변경 및 구조화 가능. - 할 일 목록과 노트 목록 간 전환 가능.
일정 및 학습 관리	- 일정별 보기 및 타임라인 확인 가능. - 학습 완료/미완료 항목 구분. - 시간 설정 어려운 과제는 기본 설정 폴더에 보관 후 일정 조정 가능.
습관 및 루틴 관리	- 매일 반복되는 루틴을 관리할 수 있는 습관 탭 제공.
추가 기능	- 뽀모도로 타이머 및 백색소음 제공. - 아이젠하워 매트릭스 지원. - 무료 위젯 제공.
인터페이스	- 직관적이고 깔끔한 디자인.
장점	- 무료 버전만으로도 충분한 기능 제공. - 시간 관리 도구가 다양함.
단점	- 번역 품질이 어색함. - 무료 버전: 카테고리 10개 제한, 월간 캘린더 기능 유료.
총평	시간관리와 할 일 관리를 체계적으로 돕는 강력한 어플. 깔끔한 인터페이스와 다양한 기능 덕분에 무료 버전만으로도 충분히 유용함.

넌 얼마나 쓰니? - 스마트폰 사용 습관을 점검하고 개선하는 맞춤형 도우미 앱

구분	내용
사용시간 제한	- 목표 사용시간을 설정하여 특정 앱의 사용시간을 제한 가능. - 초과 시 자동으로 잠금.
사용데이터 분석	- 하루, 주간, 월간, 연간 데이터로 스마트폰 사용 습관 분석. - 어제와 오늘 비교. - 카테고리별 콘텐츠 사용량 확인.
데일리리포트	- 하루 사용시간 요약 및 명언 알림 제공.
맞춤설정	- 각 앱별로 사용시간과 잠금시간 설정가능. - 특정 시간대에 앱 사용 차단 가능.
사용자 비교	- 나와 같은 연령대 혹은 성별의 평균 사용시간과 비교가능.
장점	- 시간, 비율, 앱별 사용량을 직관적으로 확인 가능. - 강제적 차단이 아니라 자율적인 습관형성을 지원함. - 연령대 및 사용자 간 평균사용량 비교로 동기부여 가능. - 목표시간과 잠금기능으로 효율적 관리 가능.
단점	- 일부 고급기능은 유료. - 자율적 관리에 의존해 동기부족 시 효과 감소. - 데이터 분석 정확도 및 활용도가 사용자의 습관에 따라 달라짐.
총평	스마트폰 사용 습관을 점검하고 개선하기에 유용한 도구로, 자율적 관리와 데이터 분석을 통해 사용자에게 효과적인 피드백을 제공함. 다만, 일부 고급 기능은 유료이며, 사용자의 적극적인 참여가 필요함. 스마트폰 의존도를 줄이고 싶은 사람에게 적합한 앱.

복잡한 설치나 다양한 기능 사용없이 인증사진으로 기록하는 방법도 있다. 개인카톡이나 가족카톡방에 인증사진 올리기. 네이버밴드에 인증사진 올리기. 개인적으로도 가능하고 가족끼리 공유할 수도 있고 학교나 학원에서 과제 검사용으로도 가능하다.

카톡인증 이미지

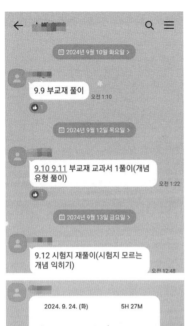

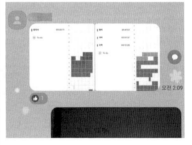

밴드인증(이미지 사진)

'우리아이' 1등급 만드는
공부PT 바이블

초판인쇄	2025년 3월 11일
초판발행	2025년 3월 14일

지은이	박성은, 박은실, 조혜은, 박우용
발행인	조현수
펴낸곳	도서출판 더 로드
기획	조영재
마케팅	최문섭
편집	문영윤

본사	경기도 파주시 광인사길 68, 201-4호(문발동)
전화	031-942-5366
팩스	031-942-5368
이메일	provence70@naver.com
등록번호	제2016-000126호
등록	2016년 06월 23일

정가 18,000원